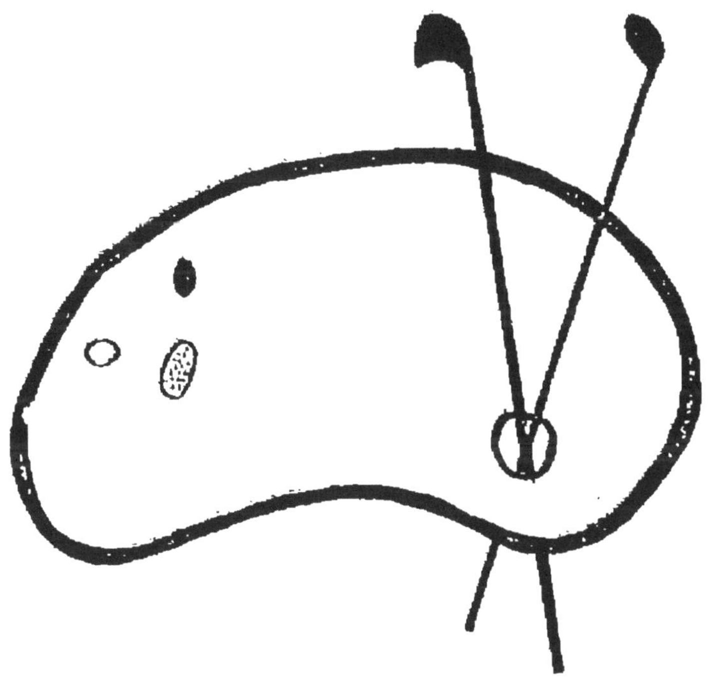

DEBUT D'UNE SERIE DE DOCUMENTS
EN COULEUR

COMMENTAIRE

EXPLIQUÉ ARTICLE PAR ARTICLE

DE LA LOI SUR

L'ORGANISATION MUNICIPALE

PROMULGUÉE LE 5 AVRIL 1884

OUVRAGE CONTENANT EN OUTRE

1° LE TABLEAU DE LA RÉVISION ANNUELLE DES LISTES ÉLECTORALES ;
2° LE TABLEAU DES INCAPACITÉS ET DES PÉNALITÉS EN MATIÈRE ÉLECTORALE ;
3° LE TEXTE DES LOIS ORGANIQUES DE LA CONSTITUTION DE 1875 ;
4° UNE TABLE ALPHABÉTIQUE ET ANALYTIQUE DES MATIÈRES ;

PAR

CH. GUDIN DU PAVILLON

Rédacteur au Ministère de l'Intérieur, ancien Sous-Préfet, Officier d'Académie

ET

P. REY

Auteur du Manuel électoral complet

DEUXIÈME ÉDITION

PRIX : 4 FRANCS

PARIS

DELAMOTTE FILS ET Cie, LIBRAIRES-ÉDITEURS

85, BOULEVARD SAINT-MICHEL, 85

CI-DEVANT QUAI DES GRANDS-AUGUSTINS, 53

1885

Extrait du Catalogue de MM. Delamotte fils et Cie

CH. GUDIN DU PAVILLON et P. REY. — **Manuel électoral complet,** comprenant le commentaire des lois, décrets, etc., qui régissent l'exercice et le droit de vote; in-16. Prix : 2 fr. 50.

Traité Général de **Droit administratif appliqué**, ou Exposé de la Doctrine et de la Jurisprudence, contenant l'exercice de l'autorité du chef de l'État, des Ministres, des Préfets, des Sous-Préfets, des Maires, des Conseillers de préfecture; de la Cour des comptes, du Conseil d'État; l'Algérie, les Colonies; les Ateliers insalubres, les Bacs et Bateaux, les Bois et Forêts, les Chemins de fer, les Chemins vicinaux, les Communes, les Conflits, les Contributions, les Cours d'eau, etc.; par M. GABRIEL DUFOUR, *ex-Avocat au Conseil d'État*: 3e édition entièrement refondue. — 8 vol. in-8. — Prix : 72 fr.

De la Voirie et de l'Expropriation, par V. MAUROY, *Notaire.* — In-8, 1881. Prix : 2 fr.

Traité pratique des **Ateliers insalubres, dangereux ou incommodes**, par M. GABRIEL DUFOUR, *Ancien Avocat au Conseil d'État*, E. TAMBOUR, *ex-Secrétaire général de la Préfecture de la Seine.* Un vol. in-8. Prix : 5 fr.

Formulaire Général à l'usage des Notaires, Juges de Paix, Avoués, Huissiers, Greffiers et Officiers de l'État civil, par MOURLON et JEANNEST SAINT-HILAIRE. *Nouvelle édition*, revue, augmentée et mise au courant de la Doctrine et de la Jurisprudence; un fort volume in-8. Prix : 12 fr. 50.

Le Code Civil par demandes et réponses, par PROSPER RAMBAUD, *Docteur en droit, Répétiteur de droit.* 3 vol. in-8. Prix : 18 fr. 50.

Traité d'Enregistrement et de Timbre, contenant la refonte par ordre méthodique des Lois et Règlements en vigueur, et un Tarif complet des droits d'enregistrement à l'usage des Officiers publics et ministériels et des fonctionnaires, par MM. DUCROQUET et ASTRIE, *Employés supérieurs de l'Enregistrement.* 1 vol. in-8 raisin, 1878. Prix : 6 fr.

Paris. — Typographie du MAGASIN PITTORESQUE (J. Charton), rue de l'Abbé-Grégoire, 15.

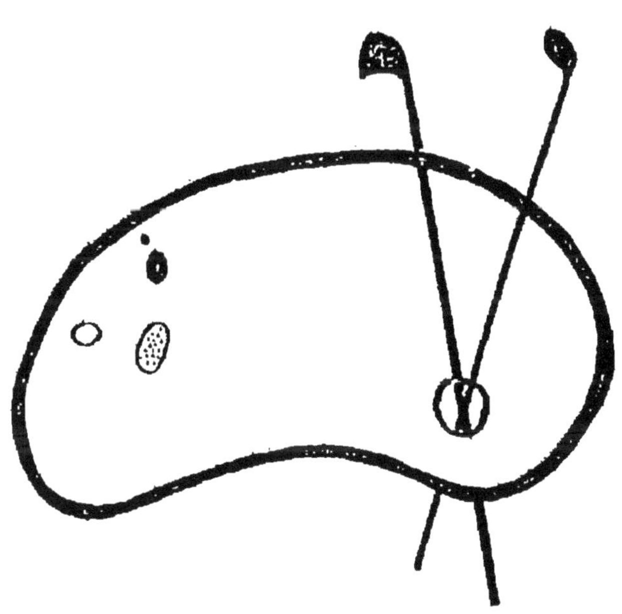

FIN D'UNE SERIE DE DOCUMENTS
EN COULEUR

COMMENTAIRE

DE

LA LOI

SUR

L'ORGANISATION MUNICIPALE

DU 5 AVRIL 1884

658. — Paris. — Imp. Tolmer et Cie, 3, rue Madame.

COMMENTAIRE

EXPLIQUÉ ARTICLE PAR ARTICLE

DE LA LOI SUR

L'ORGANISATION MUNICIPALE

PROMULGUÉE LE 5 AVRIL 1884

OUVRAGE CONTENANT EN OUTRE

1° LE TABLEAU DE LA RÉVISION ANNUELLE DES LISTES ÉLECTORALES ;
2° LE TABLEAU DES INCAPACITÉS ET DES PÉNALITÉS EN MATIÈRE ÉLECTORALE ;
3° LE TEXTE DES LOIS ORGANIQUES DE LA CONSTITUTION DE 1875 ;
4° UNE TABLE ALPHABÉTIQUE ET ANALYTIQUE DES MATIÈRES ;

PAR

CH. GUDIN DU PAVILLON

Rédacteur au Ministère de l'Intérieur, ancien Sous-Préfet, Officier d'Académie

ET

P. REY

Auteurs du Manuel électoral complet

DEUXIÈME ÉDITION

PRIX : 4 FRANCS

PARIS

DELAMOTTE FILS ET Cie, LIBRAIRES-ÉDITEURS

85, BOULEVARD SAINT-MICHEL, 85

CI-DEVANT QUAI DES GRANDS-AUGUSTINS, 55

1885

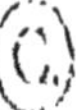

A Monsieur DE MARCÈRE

SÉNATEUR

Hommage respectueux et reconnaissant de l'Auteur

A *Monsieur* DE MARCÈRE

Monsieur le Sénateur,

Vous avez bien voulu encourager mes débuts dans la carrière administrative.

Je vous devais l'hommage de ce Commentaire sur la Loi d'Organisation Municipale dont vous avez été l'éminent Rapporteur à la Chambre des Députés, et dont les pouvoirs publics viennent de doter la France.

C'est l'Assemblée Constituante qui, la première, en 1789, en avait tracé les lignes principales. Le Consulat abolit le Conseil Général de la Commune. Le Principe électif, alors rayé des Lois, fut, il est vrai, ensuite rétabli. Mais pendant de trop longues années la liberté municipale ne fut ni sérieusement comprise, ni loyalement garantie.

Il appartenait au Gouvernement républicain, dont vous avez été l'organe autorisé, de relever la dignité et l'indépendance des Assemblées communales.

Comme Ministre de l'Intérieur, vous aviez pris cette initiative dès 1876; comme Président et Rapporteur de la Commission à la Chambre des Députés, vous avez mis la dernière main à cette œuvre en faisant consacrer par les pouvoirs législatifs l'émancipation des Conseils municipaux.

Permettez-moi de vous offrir la dédicace de mon premier ouvrage, fruit de plusieurs années d'études et de recherches.

Veuillez agréer, Monsieur le Sénateur, l'expression de mes sentiments de profonde reconnaissance.

Ch. GUDIN DU PAVILLON.

Paris, le 8 Avril 1884.

MONSIEUR,

J'ai reçu la préface par laquelle vous voulez bien me faire l'hommage de votre ouvrage. Je ne puis qu'être très touché des souvenirs que vous rappelez et des sentiments que vous m'exprimez. J'accepte avec reconnaissance votre dédicace, si vous croyez qu'elle puisse être de quelque utilité pour vous.

Veuillez, Monsieur, agréer mes sentiments très distingués.

DE MARCÈRE.

TABLE DES ABRÉVIATIONS

Ar. — Arrêt, Arrêté.
Ar. du C. — Arrêt du Conseil d'État.
Art. — Article.
Bull. — Bulletin.
Bull. Int. — Bulletin du Ministre de l'Intérieur.
C. — Cour.
Cass. — Cassation.
Cir. — Circulaire.
Const. — Constitution.
Déc. — Décision.
Déc. Min. — Décision Ministérielle.
Déc. Min. Int. — Décision du Ministre de l'Intérieur.
D. — Décret.
D. org. — Décret organique.
Id. — Idem.
L. — Loi.
N° — Numéro.
P. — Page.

INTRODUCTION

Les citoyens français, considérés sous le rapport des relations sociales qui naissent de leur réunion dans les villes, dans les villages, et dans certains arrondissements du territoire des campagnes, forment les communes. — (Constitution de 1791.)

La Commune existe comme famille particulière et comme fraction de cette famille plus considérable, de ce grand corps, l'État.

C'est de la communauté des intérêts des habitants qui la composent qu'est née sa dénomination : « Commune ».

Elle constitue la première assise de notre édifice social.

Ses affaires sont administrées par des mandataires élus, car elle est une personne morale qui a des droits à exercer et des intérêts à gérer.

Le Pouvoir municipal est né de ce besoin naturel pour les agrégations, les chefs de famille, de se réunir pour la défense de leurs intérêts et de confier aux plus sages le soin de faire respecter la volonté commune.

C'est à son organisation nouvelle qu'a pourvu la loi que nous allons étudier.

TITRE PREMIER

DES COMMUNES

Article premier

(Composition du Corps municipal)

« Le corps municipal de chaque commune se compose du Conseil municipal, du maire et d'un ou de plusieurs adjoints. »

La Constitution du 14 septembre 1791 avait consacré l'existence et la liberté des Communes par son art. 9, titre deux, ainsi conçu :

« Les citoyens qui composent chaque commune ont le droit d'élire à temps, suivant les formes déterminées par la loi, ceux d'entre eux qui, sous le titre d'officiers municipaux, sont chargés de gérer les affaires particulières de la commune. »

Depuis lors, les attributions des pouvoirs municipaux ont été sans cesse modifiées ou dénaturées suivant le caractère et le régime des gouvernements qui se sont succédés.

La loi nouvelle a défini et élargi le cercle de ses attributions, et comme l'a dit éloquemment *M. de Marcère*, « a réduit l'autorité de l'État sur les municipalités dans la mesure compatible avec ses droits souverains et avec sa sûreté. »

Art. 2

(Changement de nom d'une commune)

Le changement de nom d'une commune est décidé par décret du président de la République sur la demande du Conseil municipal, le Conseil général consulté et le Conseil d'État entendu.

La rédaction votée par la Chambre des députés différait du texte adopté par le Sénat en ce que le changement de nom d'une commune pouvait être provoqué par l'administration supérieure, dans l'intérêt de certains services, du service des Postes entre autres. L'avis conforme du Conseil municipal était seulement obligatoire.

Le Sénat a été plus précis. Il a tenu à ce que l'initiative de ce changement de nom fût du ressort *seul* du Conseil municipal. D'où cette substitution aux mots *sur l'avis conforme* de ces mots *sur la demande du Conseil municipal.*

M. Demole, rapporteur de la Commission du Sénat, s'est exprimé ainsi : « Votre commission a pensé que s'agissant ici de supprimer une dénomination consacrée, presque dans tous les cas, par un usage immémorial, et que la Commune a le droit de considérer comme une véritable propriété, l'initiative de la modification ne peut être attribuée rationnellement qu'à la Commune seule. »

Art. 3

(Modification à la Circonscription territoriale des communes)

« Toutes les fois qu'il s'agit de transférer le chef-lieu d'une commune, de réunir plusieurs communes en une seule, ou de distraire une section d'une commune, soit pour la réunir à une autre, soit pour l'ériger en commune séparée, le préfet prescrit dans les communes intéressées une enquête sur le projet en lui-même et sur ses conditions.

« Le préfet devra ordonner cette enquête lorsqu'il aura été saisi d'une demande à cet effet, soit par le Conseil municipal de l'une des communes intéressées, soit par le tiers des électeurs inscrits de la commune ou de la section en question. Il pourra aussi l'ordonner d'office.

« Après cette enquête, les Conseils municipaux et les Conseils d'arrondissement donnent leur avis, et la proposition est soumise au Conseil général. »

Sur les paragraphes 1 et 2, MM. Hippolyte Morel et Beauquier, députés, ont demandé à la Commission des explications sur le point de savoir si le Préfet était tenu de prescrire une enquête lorsqu'elle était régulièrement demandée.

Le Conseil d'État, en 1877, s'était prononcé pour la négative.

Le Rapporteur répond qu'il y a obligation pour le Préfet d'ordonner l'enquête, lorsque le Conseil municipal ou le tiers des électeurs inscrits l'aura réclamée. De même, le Préfet peut l'ordonner, *proprio motu*, de sa propre initiative, lorsqu'il considérera qu'il y a utilité à apporter une modification dans la Commune.

« Au paragraphe 3, *M. de Lanjuinais* proposait d'ajouter ces mots : La proposition est soumise au Conseil général *sans l'approbation duquel aucun changement ne peut être introduit dans la circonscription de la commune.* »

Cet amendement a été repoussé. Il suffit, a répondu *M. de Marcère*, que le Conseil général fasse connaître son sentiment, et l'autorité supérieure aura le droit de décision en pareille matière. Le Conseil général a le droit de décision souveraine lorsqu'il s'agit d'une section territoriale renfermée dans la limite du canton, et lorsqu'il y a accord entre les Conseils municipaux (art. 6) ; mais il ne saurait arrêter le résultat de l'enquête alors qu'il s'agira d'une modification intéressant soit un arrondissement, soit un département. Cela dépasse sa compétence.

Art. 4

(Section des communes — Commission syndicale)

« Si le projet concerne une section de commune, un arrêté du préfet décidera la création d'une Commission syndicale pour cette section, ou pour la section du chef-lieu, si les représentants de la première sont en majorité dans le Conseil municipal, et déterminera le nombre des membres de cette Commission.

« Ils seront élus par les électeurs domiciliés dans la section.

« La Commission nomme son président. Elle donne son avis sur le projet. »

On appelle *section de commune* toute fraction de commune qui a des droits et un patrimoine distincts de ceux de cette commune.

Lors donc qu'une section de commune demande soit à être érigée en commune, soit à être distraite d'une commune pour être réunie à une autre, cette situation crée à cette section des intérêts distincts de ceux de la commune dont elle demande à être séparée. Ces intérêts doivent dès lors être confiés à une commission spéciale choisie en dehors du Conseil municipal et élue par la section séparatrice, si la section chef-lieu a la majorité dans l'assemblée communale. Si, au contraire, la section chef-lieu est en minorité dans le Conseil municipal, c'est elle qui élira les membres de la Commission syndicale.

Mais seuls les électeurs inscrits dans la Commune, habitant la section, nommeront la commission.

Les propriétaires fonciers, non électeurs, ne pourront pas prendre part au vote. De plus, les électeurs propriétaires sur le territoire de la section, mais qui seront domiciliés sur toute autre partie de la commune, ne pourront être appelés à désigner les membres de la Commission syndicale chargée de former son avis sur les projets concernant ladite section. Leurs intérêts, dans certains cas, peuvent se trouver en opposition directe avec ceux des électeurs domiciliés qui seuls prendront part au vote.

Il importe de ne pas confondre l'art. 4 et l'art. 132, lequel prévoit le cas d'une contestation judiciaire, d'une question de propriété de jouissance de biens immeubles. Il est clair alors que tous les contribuables, habitant dans la section, électeurs et propriétaires fonciers payant une somme au fisc, sont intéressés à composer la Commission syndicale.

Art. 5

(Érection d'une commune nouvelle)

« Il ne peut être procédé à l'érection d'une commune nouvelle qu'en vertu d'une loi, après avis du Conseil général et le Conseil d'État entendu. »

La Commission avait rédigé cet article avec une modification importante. Elle proposait l'*avis conforme du Conseil général.*

Sur les observations du sous-secrétaire d'État à l'intérieur, la Chambre a adopté un amendement de M. Dureau de Vaulcomte qui consistait dans la suppression du mot *conforme.*

Le Parlement, en effet, ne saurait être une simple Chambre d'enregistrement.

Art. 6

(Modification de la circonscription des communes)

« Les autres modifications à la circonscription territoriale des communes, les suppressions ou les réunions de deux ou plusieurs communes, la désignation des nouveaux chefs-lieux sont réglés de la manière suivante :

« Si les changements proposés modifient la circonscription du département, d'un arrondissement ou d'un canton, il est statué par une loi, les Conseils généraux et le Conseil d'État entendus.

« Dans tous les autres cas, il est statué par un décret rendu en Conseil d'État, les Conseils généraux entendus.

« Néanmoins, le Conseil général statue définitivement s'il approuve le projet, lorsque les communes ou sections sont situées dans le même canton et que la modification projetée réunit, quant au fond et quant aux conditions de la réalisation, l'adhésion des Conseils municipaux et des Commissions syndicales intéressées ».

Le paragraphe 3 vise les cas où il n'y aurait pas accord entre les Conseils municipaux et les Commissions syndicales sur les modifications projetées entre les communes d'un même canton, et encore, lorsque l'accord s'étant fait, le Conseil général émet un avis défavorable.

Il sera statué par décret conformément aux dispositions du présent article.

Art. 7

(Conventions de réunion et de distraction des communes)

« La commune réunie à une autre commune conserve la propriété des biens qui lui appartenaient.

« Les habitants de cette commune conservent la jouissance de ceux de ces mêmes biens dont les fruits sont perçus en nature.

« Il en est de même de la section réunie à une autre commune pour les biens qui lui appartenaient exclusivement.

« Les édifices et autres immeubles servant à un usage public et situés sur le territoire de la commune ou de la section de commune réunie à une autre commune, ou de la section érigée en commune séparée, deviennent la propriété de la commune à laquelle est faite la réunion, ou de la nouvelle commune.

« Les actes qui prononcent des réunions ou des distractions de communes en déterminent expressément toutes les autres conditions.

« En cas de division, la commune ou la section de commune réunie à une autre commune ou érigée en commune séparée, reprend la pleine propriété de tous les biens qu'elle avait apportés. »

Cet article a donné lieu à une longue discussion à la Chambre des députés et au Sénat. La Chambre avait ainsi rédigé son art. 7 : « Les conditions de réunions ou de distractions *arrêtées* par les communes ou sections de communes intéressées, sont fixées par les actes qui les prononcent. » Les communes ou sections de commune sur lesquelles portaient des modifications territoriales pouvaient donc arrêter entre elles, par des conventions particulières, les conditions de réunion ou de séparation comme toutes les stipulations qui interviennent dans un contrat entre citoyens.

Une fois que ces conditions de réunion ou de distraction auraient été déterminées, elles devraient être consignées dans un acte émanant de l'autorité qui prononce sur le sort de ces communes et sur les résultats de l'enquête.

Mais les conditions intervenues ne pouvaient être modifiées par les pouvoirs qui statuaient définitivement.

Contrairement au vote de la Chambre, la Commission du Sénat, dans une première rédaction, demandait que l'autorité publique seule réglât toutes les questions de propriété, de partage de biens actifs, de répartitions de dettes, d'indemnité, en un mot toutes les conditions de réunion ou de distraction. Elle avait proposé un texte ainsi conçu : « Les actes qui prononcent des réunions ou des distractions de communes *en déterminent expressément toutes les conditions.* »

La modification assez sérieuse que nous apportons à la loi de 1837 et au projet de loi adopté par la Chambre des députés, disait *M. Demole*, rapporteur, c'est que, quand tous les droits de propriété sont bien régulièrement et définitivement assis au moment de l'opération, ces biens communaux, ces biens qui appartiennent à la section, que personne ne lui conteste, la loi va régler le point de savoir si la section va, en entrant dans la commune nouvelle, en conserver la propriété exclusive, ou si, au contraire, moyennant les compensations qui seront fixées dans un décret ou dans une loi, suivant l'appréciation de l'autorité supérieure, ces mêmes biens ne deviendront pas la propriété de l'être moral tout entier qu'elle va contribuer à composer.

Combattu par MM. Clément et Batbie, cet article fut renvoyé à la Commission, qui rapporta une nouvelle rédaction, laquelle fut adoptée et qui est aujourd'hui le texte de l'art. 7.

M. le Rapporteur donna l'explication suivante :

« Il s'agit des conditions de réunion ou de distraction de communes ou de section de communes, et vous savez déjà que la Chambre des députés avait mis toutes ces conditions dans la main des communes elles-mêmes.

« Votre commission avait adopté un système absolument contraire ; c'était entre les mains de l'autorité supérieure que la détermination de ces conditions avait été remise par le projet que nous vous soumettions. Plusieurs d'entre vous, Messieurs, ont pensé qu'il y avait peut-être dans ce fait de laisser résoudre par un décret ou une loi des questions de propriété quelque chose d'excessif et qui ne rentrait pas dans les conditions ordinaires de notre droit public.

« Dans cet ensemble de conditions, il en est quelques-unes que l'on peut détacher dès à présent, qui se rapportent plus particulièrement aux questions de propriété, de biens immeubles, et il en est d'autres, au contraire, très variées, très complexes, pouvant se diviser à l'infini qu'on ne peut pas prévoir par la loi et pour lesquelles la loi de 1837 avait donné le droit de fixation à l'autorité supérieure.

« Ainsi le système de la loi de 1837 était un système intermédiaire entre la proposition de la Chambre des députés et celle de votre Commission.

« Après en avoir délibéré assez longuement, votre commission se rallie à ce système et elle vous propose à peu près textuellement les mêmes dispositions que vous trouverez dans la loi de 1837. »

L'art. 7, mis aux voix, fut ensuite adopté.

Art. 8

(Dénomination des nouvelles communes)

« Les dénominations nouvelles qui résultent soit d'un changement de chef-lieu, soit de la création d'une commune nouvelle, sont fixées par les autorités compétentes pour prendre ces décisions. »

Se reporter à l'art. 6 qui énumère les diverses autorités compétentes et règle les conditions de cette compétence.

Art. 9

« Dans tous les cas de réunion ou de fractionnement de communes, les Conseils municipaux sont dissous de plein droit. Il est procédé immédiatement à des élections nouvelles. »

A un nouvel état de choses il faut en effet une nouvelle administration.

Ajoutons que les sections, n'ayant pas de personnalité administrative, ne peuvent, dans aucun cas, être admises à contracter directement un emprunt. C'est la commune elle-même qui doit intervenir, bien qu'il s'agisse d'une dépense dont la section profite exclusivement, sauf à accepter les offres faites par la section en vue de pourvoir à l'amortissement de l'emprunt.

TITRE DEUXIÈME

DES CONSEILS MUNICIPAUX

CHAPITRE Ier

FORMATION DES CONSEILS MUNICIPAUX

ART. 10

(Composition du Conseil municipal)

« Le Conseil municipal se compose de 10 membres dans les communes de 500 habitants et au dessous,

« De 12	dans celles de	501	à	1.500	habitants
« De 16	—	1.501	à	2.500	—
« De 21	—	2.501	à	3.500	—
« De 23	—	3.501	à	10.000	—
« De 27	—	10.001	à	30.000	—
« De 30	—	30.001	à	40.000	—
« De 32	—	40.001	à	50.000	—
« De 34	—	50.001	à	60.000	—
« De 36	—	60.001	et au dessus.		

« Dans les villes divisées en plusieurs mairies, le nombre des conseillers sera augmenté de trois par mairie. »

Cette dernière disposition ne s'applique qu'à la ville de Lyon qui seule actuellement est divisée en plusieurs mairies, la présente loi ne s'appliquant pas à la ville de Paris qui est administrée d'une manière spéciale.

La Chambre des députés avait augmenté le nombre des conseillers, afin d'associer un plus grand nombre de citoyens à la gestion des affaires. En élargissant les cadres, elle voulait permettre aux minorités d'être représentées.

Mais le Sénat s'est reporté purement et simplement au décret du 5 mai 1855, Art. 6, sur la composition des Conseils municipaux, qu'il a maintenu.

C'est au Préfet qu'il appartient de déterminer, d'après le dernier recensement officiel, le nombre des membres dont un Conseil municipal doit être composé.

Art. 11

(Élection des Conseils municipaux)

« L'élection des membres du Conseil municipal a lieu au scrutin de liste pour toute la commune.

« Néanmoins, la commune peut être divisée en sections électorales, dont chacune élit un nombre de conseillers proportionné au chiffre des électeurs inscrits, mais seulement dans les deux cas suivants :

« 1° Quand elle se compose de plusieurs agglomérations d'habitants distinctes ou séparées ; dans ce cas, aucune section ne peut avoir moins de deux conseillers à élire ;

« 2° Quand la population agglomérée de la commune est supérieure à 10.000 habitants. Dans ce cas, la section ne peut être formée de fractions de territoire appartenant à des cantons ou à des arrondissements municipaux différents. Les fractions de territoire ayant des biens propres ne peuvent être divisées entre plusieurs sections électorales.

« Aucune de ces sections ne peut avoir moins de quatre conseillers à élire.

« Dans tous les cas où le sectionnement est autorisé, chaque section doit être composée de territoires contigus. »

La rédaction première portait que les sections éliraient un nombre de conseillers proportionné au chiffre de la population. Le Sénat a remplacé ces mots : « de la population » par ceux-ci : « des électeurs inscrits » afin d'empêcher qu'une population flottante considérable, population d'occasion composée de nomades, d'étrangers, mais possédant une minorité d'électeurs, n'écrase une autre section, dont la population stationnaire serait moindre, mais qui posséderait un nombre plus grand d'électeurs.

Sous l'empire du décret du 5 mai 1855, Art. 7, le Préfet avait le droit par un arrêté, pris en Conseil de préfecture, de diviser les communes en sections électorales et de répartir entre les sections le nombre de conseillers à élire.

La rédaction de l'art. 11 ne laisse plus place à l'arbitraire. C'est la loi qui détermine les cas dans lesquels la division d'une commune en sections peut être opérée et qui fixe la proportion des conseillers à élire. C'est le Conseil général, à qui ces questions seront soumises, qui délibérera s'il y a lieu de faire ou non le sectionnement *et décidera souverainement.*

Mais comment les sections seront-elles composées ?

Il n'est pas possible d'admettre qu'une agglomération qui n'a pas la quantité d'électeurs suffisants pour élire, au minimum, les deux conseillers indiqués dans notre article, pût être constituée à l'état de section électorale.

Mais deux ou plusieurs agglomérations distinctes pourront être réunies si le nombre de leurs électeurs inscrits, proportionné au chiffre des électeurs de la commune, leur permet d'élire au moins deux conseillers. Dans tous les cas, les territoires devront être contigus. Il résultait des observations échangées en première lecture qu'on ne pourrait pas détacher une agglomération du chef-lieu lui-même pour renforcer les agglomérations distinctes. En seconde lecture, par le rejet d'un amendement de M. Baragnon, le Sénat a décidé que lorsqu'à côté du chef-lieu se trouvent, dans une commune, des populations agglomérées, mais séparées, auxquelles il manquera, par exemple, dix électeurs pour avoir le droit de nommer deux conseillers municipaux, il sera permis de former une section électorale pour la réunion de ces agglomérations, soit au territoire qui l'avoisine, soit à un quartier du chef-lieu.

En second lieu, si les fractions de territoire d'une commune ont des biens propres, on ne peut diviser ces fractions de la commune en plusieurs sections électorales, parce qu'il y a là un intérêt collectif qui ne peut pas être divisé au point de vue de la représentation dans le Conseil municipal.

Le dernier paragraphe de l'article 11 énonce qu'aucune des sections dans une commune dont la population agglomérée est supérieure à 10,000 habitants ne peut avoir moins de quatre Conseillers à élire. Ce paragraphe se rapporte surtout aux villes, mais il résulte de l'interprétation donnée, lors de la discussion en deuxième lecture à la Chambre des députés, interprétation que le Sénat n'a pas contredite, que, dans les villes ayant une population agglomérée de plus de 10,000 habitants, alors que chacune des sections de l'agglomération devra avoir au moins quatre conseillers, on pourra former des sections rurales qui nommeront *Deux Conseillers* seulement.

Le citoyen qui remplit les conditions de résidence dans une commune divisée en sections électorales doit être inscrit sur la liste de la section qu'il habite au moment de la confection de cette liste, alors même qu'il n'aurait pas dans cette section le temps de résidence légale. (Ar. C. 6 avril 1866.)

ART. 12

(Règles administratives en matière de sectionnement)

« Le sectionnement est fait par le Conseil général, sur l'initiative, soit de l'un de ses membres, soit du préfet, soit du Conseil municipal ou d'électeurs de la commune intéressée.

« Aucune décision en matière de sectionnement ne peut être prise qu'après avoir été demandée avant la session d'avril ou au cours de cette session au plus tard. Dans l'intervalle entre la session d'avril et la session d'août, une enquête est ouverte à la mairie de la commune intéressée, et le Conseil municipal est consulté par les soins du préfet.

« Chaque année, ces formalités étant observées, le Conseil général, dans sa session d'août, prononce sur les projets dont il est saisi. Les sectionnements ainsi opérés subsistent jusqu'à une nouvelle décision. Le tableau de ces opérations est dressé chaque année par le Conseil général dans la session d'août. Ce tableau sert pour les élections intégrales à faire dans l'année.

« Il est publié dans les communes intéressées avant la convocation des électeurs, par les soins du préfet, qui détermine, d'après le chiffre officiel des électeurs inscrits dans chaque section, le nombre des conseillers que la loi lui attribue.

« Le sectionnement adopté par le Conseil général sera représenté par un plan déposé à la préfecture et à la mairie de la commune intéressée. Tout électeur pourra le consulter et en prendre copie.

« Avis de ce dernier dépôt sera donné aux intéressés par voie d'affiche à la porte de la mairie.

« Dans les colonies régies par la présente loi, toute demande ou proposition de sectionnement doit être faite trois mois au moins avant l'ouverture de la session ordinaire du Conseil général. Elle est instruite par les soins du directeur de l'Intérieur dans les formes indiquées ci-dessus.

« Les demandes et propositions, délibérations de Conseils municipaux et procès-verbaux d'enquête sont remis au Conseil général à l'ouverture de la session. »

Cet article prévoit les élections intégrales par opposition aux élections partielles.

Quand les élections générales devront avoir lieu, il est évident qu'on appliquera le dernier travail de sectionnement qui a été fait par le Conseil général; mais qu'adviendra-t-il en cas d'élections partielles postérieures à un nouveau sectionnement?

Supposons un Conseil municipal élu au scrutin de liste : la commune est plus tard sectionnée, par suite de décès ou de démissions, des sièges se trouvent vacants au Conseil municipal. On ne peut appliquer pour ces élections partielles le tableau de sectionnement parce qu'alors on aurait un Conseil municipal composé partie de Conseillers élus au scrutin de liste, partie de conseillers élus en vertu du sectionnement. On ne saurait donner une origine différente aux membres d'un même Conseil municipal.

Les électeurs devront donc toujours être appelés à voter dans les sections respectives qui étaient fixées lors de l'élection intégrale du Conseil.

Les sectionnements se feront à la session d'août, du Conseil général, conformément aux dispositions de la présente loi, si elle est promulguée avant la session d'avril.

Dans le cours de la discussion sur l'article 12, le Sénat avait rejeté un amendement de M. Baragnon, par lequel il demandait que le droit de recours pour excès de pouvoir ou violation de la loi fût ouvert à tout électeur, comme au préfet, contre la décision du Conseil général en matière de sectionnement, et que ce recours fût jugé par un décret rendu en forme de règlement d'administration publique.

M. Baragnon proposa alors un article additionnel ainsi conçu :

« Le recours au Conseil d'État au contentieux pour excès de pouvoir est ouvert à tout électeur contre les décisions des Conseils généraux en matière de sectionnement.

« Il devra être formé dans le mois du dépôt du plan à la Mairie par une déclaration faite au Préfet qui en délivrera récépissé. »

La loi du 14 avril 1871, sur les Conseils municipaux et la loi du 10 août 1871 sur les Conseils généraux, art. 43, ont transporté du Préfet au Conseil général le soin de procéder à la revision des sections électorales dans le cas où le sectionnement paraîtrait nécessaire; mais elles n'ont pas entendu que le Conseil général serait affranchi de tout recours pour excès de pouvoir. L'art. 47 de cette dernière loi donnait au préfet le droit de demander l'annulation de toutes délibérations par lesquelles les Conseils généraux auraient statué définitivement, lorsque ces délibérations auraient été prises en violation d'une disposition de la loi ou d'un règlement d'administration publique.

Le Conseil d'État avait fait la distinction suivante : le Conseil général a fait un sectionnement qui n'est pas conforme à la loi, il y a lieu à pourvoi, mais pourvoi conforme à l'article 47 de la loi sur les Conseils généraux du 10 août 1871; c'est-à-dire que le Préfet seul pourra, dans les vingt jours attaquer le sectionnement. Si c'est un particulier qui veut se pourvoir, il ne peut le faire qu'à l'occasion de la validité de l'élection. Lorsque l'élection sera contestée, il pourra dire : on a fait un sectionnement qui n'est pas conforme à la loi; il y a là une manœuvre, et cette manœuvre doit entraîner la nullité de l'élection parce qu'elle a altéré la sincérité des votes et que chacun n'a pas eu tout son droit. (Ar. C. 10 mars 1872, 9 janvier 1875.)

(Ar. C. 9 avril 1875. Nord. M. *Testelin*, l'arrêt porte que les particuliers ne peuvent critiquer le sectionnement qu'à l'appui de la demande en nullité de l'élection.)

La loi du 14 avril 1871, art. 3, sur les élections municipales, n'avait établi qu'une seule règle : c'est que chaque section devait élire un nombre de conseillers proportionné au chiffre de la population.

L'article 12 de la présente loi assujettit le Conseil général à l'observation de certaines formes; il faut des enquêtes; il y a des règles de procédure, qui n'étaient pas exigées par la loi du 14 avril 1871.

En supposant que ces formalités n'aient pas été observées, qu'on ait notamment procédé au sectionnement sans enquête, il y a là un défaut de forme. Or, il est de règle que l'inobservation des formes prescrites, en matière administrative, donne lieu au recours pour excès de pouvoir.

Il était toutefois naturel de ne pas donner aux particuliers, agissant en leur nom privé, les mêmes voies, la même forme de procédure que celle qui est ouverte au Préfet, agissant dans l'intérêt général.

C'est pourquoi M. Baragnon a proposé de donner à l'électeur le droit de se pourvoir, non en la forme administrative, forme qui restera réservée au Préfet, mais le droit de se pourvoir au contentieux pour excès de pouvoir.

Le Sénat, en rejetant cet amendement, n'a donc rien changé aux principes consacrés par les arrêts du Conseil d'État précités, et a maintenu au préfet le droit consacré par l'art. 47 de la loi du 10 août 1871.

Art. 13

(Bureaux de vote)

« Le préfet peut, par arrêté spécial publié dix jours au moins à l'avance, diviser la commune en plusieurs bureaux de vote qui concourront à l'élection des mêmes conseillers.

« Il sera délivré à chaque électeur une carte électorale. Cette carte indiquera le lieu où doit siéger le bureau où il devra voter. »

Lorsqu'une commune ou une section de commune offre une étendue considérable de territoire, le préfet peut, pour faciliter aux électeurs l'accomplissement de leurs devoirs civiques, désigner des locaux spéciaux dans lesquels les votes seront déposés. Ce sectionnement en bureaux de vote ne doit pas être confondu avec le sectionnement prévu par les articles 11 et 12 de la présente loi.

Dans le premier cas, les sections élisent chacune un nombre de conseillers proportionné au chiffre de la population; dans le second, les bureaux de vote concourent à l'élection des mêmes conseillers.

En ce qui concerne la carte électorale, sa délivrance par la Mairie est obligatoire. Mais la présentation de la carte aux membres du bureau est facultative, et la constatation de l'identité de l'électeur par témoins est autorisée. C'est l'affaire du bureau électoral.

(M. *Jolibois* à la Chambre.)

Art. 14

(Électeurs — Liste électorale)

« Les conseillers municipaux sont élus par le suffrage direct universel.

« Sont électeurs tous les Français âgés de vingt et un ans accomplis, et n'étant dans aucun cas d'incapacité prévu par la loi.

« La liste électorale comprend :

« 1° Tous les électeurs qui ont leur domicile réel dans la commune, ou y habitent depuis six mois au moins;

« 2° Ceux qui auront été inscrits au rôle d'une des quatre contributions directes ou au rôle des prestations en nature, et, s'ils ne résident pas dans la commune, auront déclaré vouloir y exercer leurs droits électoraux. Seront également inscrits, aux termes du présent paragraphe, les membres de la famille des mêmes électeurs compris dans la cote de la prestation en nature, alors même qu'ils n'y sont pas personnellement portés, et les habitants qui, en raison de leur âge ou de leur santé, auront cessé d'être soumis à cet impôt.

« 3° Ceux qui, en vertu de l'article 2 du traité du 10 mai 1871, ont opté pour la nationalité française et déclaré fixer leur résidence dans la commune, conformément à la loi du 19 juin 1871;

« 4° Ceux qui sont assujettis à une résidence obligatoire dans la commune en qualité soit de ministre des cultes reconnus par l'État, soit de fonctionnaires publics.

« Seront également inscrits les citoyens qui, ne remplissant pas les conditions d'âge et de résidence ci-dessus indiquées lors de la formation des listes, les rempliront avant la clôture définitive.

« L'absence de la commune résultant du service militaire ne portera aucune atteinte aux règles ci-dessus édictées pour l'inscription sur les listes électorales.

« Les dispositions concernant l'affichage, la libre distribution des bulletins, circulaires et professions de foi, les réunions publiques électorales, la communication des listes d'émargement, les pénalités et poursuites, en matière législative, sont applicables aux élections municipales.

« Sont également applicables aux élections municipales les paragraphes 3 et 4 de l'article 3 de la loi organique du 30 novembre 1875 sur les élections des députés. »

A la Chambre M. Floquet déposa un amendement tendant à prononcer que les conseillers municipaux seraient élus dans les mêmes conditions que les députés.

La Commission fut donc amenée à examiner la loi de 1874 sur l'électorat municipal.

Cette loi exigeait pour l'électorat municipal *une résidence de 6 mois* pour ceux qui, étant nés dans la commune, y avaient conservé leur domicile; — *une résidence d'un an* pour ceux qui n'étant pas nés dans la commune y avaient été inscrits à l'une des quatre contributions directes ou au rôle des prestations, encore s'ils étaient venus s'y marier et y habiter; — *une résidence de deux ans* pour ceux qui n'y étaient pas nés ou n'y payaient pas d'impôts ou ne s'y étaient pas mariés.

Au contraire, pour l'électorat au Corps législatif, — électorat politique, — le décret organique de 1852 n'exigeait qu'une résidence de 6 mois.

(Décret du 2 février 1852, art. 13.)

En fait, cette différence des listes n'a abouti qu'à des différences de chiffres absolument insignifiantes. Dans ces conditions, maintenir les deux listes eût été absolument contraire au principe sur lequel reposent toutes nos lois organiques.

On ne pourrait pas comprendre qu'avec le suffrage universel à la base de la Constitution, on pût exiger des conditions différentes de la part de ceux qui sont appelés à concourir à l'élection des corps politiques ou des corps municipaux.

En adoptant la rédaction de l'article 14, *le Parlement n'a touché à la loi de 1874*, — laquelle est visée par la loi de 1875 sur le mode d'élection des députés, — *que par voie d'addition* et a fait ainsi disparaître la dualité des listes électorales dont le maintien était incompatible avec le régime républicain sincèrement pratiqué.

La liste électorale est dressée pour chaque commune par le Maire. Elle comprend par ordre alphabétique.

« 1° Tous les citoyens âgés de 21 ans habitant la commune depuis six mois au moins ;

« 2° Ceux qui n'ayant pas atteint, lors de la formation de la liste, les conditions d'âge et d'habitation doivent les remplir avant la clôture définitive, c'est-à-dire au 31 mars.

La justification de la nationalité et de l'âge est établie soit par témoins, soit par la production d'un livret, — d'un passeport, — d'un contrat de mariage, — d'une inscription sur une liste précédente, — d'un certificat de libération du service militaire.

Les extraits de naissance destinés à établir l'âge des électeurs sont délivrés gratuitement, sur papier libre, à tout réclamant. Ils doivent porter en tête l'énonciation de leur destination spéciale.

Les listes électorales sont permanentes (Décret du 2 février 1852, Art. 18). Elles sont réunies en un registre et conservées dans les archives de la commune. Tout électeur peut en prendre communication et copie. (Loi 7 juillet 1874, Art. 4.)

Résidence. — La résidence est une question de fait que le juge de paix juge souverainement.

En principe, il faut une résidence réelle de six mois au citoyen qui, après avoir quitté la commune où il est né, demande son inscription sur les listes électorales de cette commune où il est venu de nouveau se fixer.

Il en est de même pour le jeune homme qui a tiré au sort dans une autre commune, et qui, son temps de service fini, vient résider dans la commune où il est né.

Radiation. — Celui qui est inscrit sur la liste électorale d'une commune ne peut être radié, sous prétexte que son nom figurerait également sur la liste d'une autre commune, surtout s'il manifeste la volonté de rester inscrit sur la liste en litige.

Suspension et perte du droit électoral. — Le droit de prendre part au vote est suspendu pour les détenus, les accusés contumaces, les personnes non interdites mais retenues en vertu de la loi du 30 juin 1838 dans un asile public d'aliénés. (L. 2 février 1852. Art. 18.)

Les cas de perte du droit électoral sont déterminés par les articles 15 et 16 du décret organique du 2 février 1852.

Ces deux articles sont ainsi conçus :

« *Article 15.* Ne doivent pas être inscrits sur les listes électorales : « 1° les individus privés de leurs droits civils et politiques par suite de condamnations soit à des peines afflictives et infamantes, soit infamantes seulement ;

« 2° Ceux auxquels les tribunaux, jugeant correctionnellement, ont interdit le droit de vote et d'élection, par application des lois qu autorisent cette interdiction; — (La loi du 23 janvier 1873 sur l'ivresse confère aux juges cette faculté —).

« 3° Les condamnés pour crimes à l'emprisonnement, par application de l'article 463 du code pénal ;

« 4° Ceux qui ont été condamnés à trois mois de prison par application des articles 318 et 423 du code pénal ;

« 5° Les condamnés pour vol et escroquerie, abus de confiance, soustraction commise par les dépositaires des deniers publics ou attentat aux mœurs prévus par les art. 330 et 334 du code pénal, quelle que soit la durée de l'emprisonnement auquel ils ont été condamnés ;

« 6° Les individus qui, par application de l'art. 8 de la loi du 17 mai 1819 et de l'art. 3 du décret du 11 août 1848 auront été condamnés pour outrage à la morale publique et religieuse ou aux bonnes mœurs et pour attaque contre le principe de la propriété et les droits de la famille ;

« 7° Les individus condamnés à plus de 3 mois d'emprisonnement en vertu des art. 31, 33, 34, 35, 36, 38, 39, 40, 41, 42, 45 et 46 de la présente loi ;

« 8° Les notaires, greffiers et officiers ministériels destitués en vertu de jugements ou décisions judiciaires ;

« 9° Les condamnés pour vagabondage ou mendicité ;

« 10° Ceux qui auront été condamnés à trois mois de prison au moins par application des articles 439, 443, 444, 445, 446, 447 et 452 du code pénal ;

« 11° Ceux qui auront été déclarés coupables des délits prévus par les art. 410 et 411 du code pénal ;

« 12° Les militaires condamnés au boulet ou aux travaux publics ;

« 13° Les individus condamnés à l'emprisonnement par application des art. 38, 41, 43 et 45 de la loi du 21 mars 1832, sur le recrutement de l'armée ;

« 14° Les individus condamnés à l'emprisonnement par application de l'art. 1er de la loi du 27 mars 1851 ;

« 15° Ceux qui ont été condamnés pour délit d'usure ;

« 16° Les interdits ;

« 17° Les faillis non réhabilités dont la faillite a été déclarée, soit par les tribunaux français, soit par jugements rendus à l'étranger, mais exécutoires en France.

« *Article 16*. Les condamnés à plus d'un mois d'emprisonnement pour rébellion, outrages et violences envers les dépositaires de la force publique, pour outrages publics envers un juré à raison de ses fonctions, ou envers un témoin à raison de sa déposition, pour délits prévus par [illegible] ur les attroupements et la loi des clubs, ne pourront pas être inscrits sur la liste électorale pendant cinq ans, à dater de l'expiration de leur peine. »

ART. 15

(Convocation des Électeurs)

« L'Assemblée des électeurs est convoquée par arrêté du préfet.

« L'arrêté de convocation est publié dans la commune quinze jours au moins avant l'élection qui doit toujours avoir lieu un dimanche. Il fixe le local où le scrutin sera ouvert, ainsi que les heures auxquelles il doit être ouvert et fermé. »

Sous l'ancienne législation, la loi ne fixait aucun délai à observer entre la convocation des électeurs et le jour de l'élection. Un arrêt du Conseil d'État en date du 23 février 1877, avait jugé qu'un délai de dix jours était suffisant.

De plus, c'était au maire qu'il appartenait de fixer le lieu et l'heure de l'assemblée, en se conformant toutefois aux instructions du Préfet, si ce dernier ne l'avait déjà fait dans son arrêté de convocation. (Circ. 25 avril 1840 et 24 juin 1855.)

L'art. 15 impose cette double obligation au Préfet, de prendre son arrêté de convocation, quinze jours au moins à l'avance, et de désigner le lieu et l'heure de l'assemblée.

Les opérations électorales doivent avoir lieu à la mairie, à défaut de salle de mairie dans un local bien connu des électeurs et fixé par l'arrêté de convocation.

ART. 16

(Remplacement des conseillers élus par les sections)

« Lorsqu'il y aura lieu de remplacer des conseillers municipaux élus par des sections, conformément à l'art. 11 de la présente loi, ces remplacements seront faits par les sections auxquelles appartiennent ces conseillers. »

Dans les communes partagées en sections électorales, le maire dresse les listes des sections. Ces listes, au nombre de deux au moins pour chaque section, sont destinées : « l'une à être publiée avant l'élection et à être affichée dans la salle ou déposée sur le bureau au jour de l'élection; l'autre, à servir à l'inscription des votants. » (Circ. 25 avril 1840.)

Art. 17

(Bureaux de vote — Présidence)

« Les bureaux de vote sont présidés par le maire, les adjoints, les conseillers municipaux, dans l'ordre du tableau, et, en cas d'empêchement, par des électeurs désignés par le maire. »

Le Bureau où prendront place le Président et les assesseurs devra être disposé de telle sorte que les électeurs puissent circuler à l'entour pendant le dépouillement du scrutin.

Art. 18

(Police de l'assemblée)

« Le Président a seul la police de l'assemblée. Cette assemblée ne peut s'occuper d'autres objets que de l'élection qui lui est attribuée. Toute discussion, toute délibération lui sont interdites. »

Si cette règle n'est pas observée, le Président doit user du rappel à l'ordre; si, malgré ses efforts, il ne peut se faire obéir, il doit lever la séance ou l'ajourner à une autre heure.

Il peut au besoin requérir la force armée.

Des factionnaires peuvent être placés, s'il y a lieu, aux portes de la salle, à l'effet de maintenir l'ordre; ils sont sous l'autorité du Président.

Art. 19

(Composition du bureau de vote)

« Les deux plus âgés et les deux plus jeunes des électeurs présents à l'ouverture de la séance, sachant lire et écrire, remplissent les fonctions d'assesseurs.

« Le secrétaire est désigné par le président et par les assesseurs.

« Dans les délibérations du bureau, il n'a que voix consultative. Trois membres du bureau, au moins, doivent être présents pendant tout le cours des opérations. »

Si le Bureau n'a pas été composé, malgré des réclamations, des deux plus âgés et des deux plus jeunes électeurs présents, sachant lire et écrire, il y a lieu à annulation des opérations. (Ar. C. 12 et 14 février 1870.)

Le degré de parenté ou d'alliance entre assesseurs ne fait point obstacle à ce qu'ils siègent simultanément. (Id. 24 août 1832.)

Aucune disposition ne s'oppose à ce que le fils du maire puisse faire partie du bureau, s'il y est appelé par son âge. (Id. 22 mai 1861).

Aucune disposition de loi n'interdit au candidat de faire partie du Bureau, s'il remplit les conditions exigées.

Si le Bureau, pendant le cours des opérations, ne se trouve plus composé de trois membres, le Président doit le compléter en prenant, parmi les électeurs présents, le nombre d'assesseurs nécessaires. (Ar. C., 19 novembre 1875.)

L'irrégularité résultant de ce que, momentanément, deux membres seulement du Bureau sont restés présents, n'est pas de nature à vicier l'opération, s'il n'est pas allégué que cette irrégularité ait eu pour but et pour résultat de favoriser une manœuvre de nature à porter atteinte à la sincérité du vote. (Id. 7 août 1875.)

Art. 20

(Durée du scrutin)

« Le scrutin ne dure qu'un jour. »

Le scrutin pourra être ouvert à six heures du matin. Dans aucun cas, il ne pourra se prolonger au delà de six heures du soir.

La prolongation du scrutin au delà de l'heure fixée n'est pas une irrégularité de nature à entraîner la nullité de l'élection si elle n'a pas présenté le caractère d'une manœuvre ayant pour but et pour effet d'altérer le résultat du vote. (Ar. C. 15 novembre 1871.)

Art. 21

(Réclamations — Décisions de l'assemblée de vote)

« Le bureau juge provisoirement les difficultés qui s'élèvent sur les opérations de l'assemblée. Ses décisions sont motivées.

« Toutes les réclamations et décisions sont insérées au procès-verbal ; les pièces et les bulletins qui s'y rapportent y sont annexés, après avoir été paraphés par le bureau. »

Le droit de juger provisoirement les difficultés ne s'applique qu'aux opérations confiées aux électeurs, et ne peut embrasser les réclamations qui concernent la capacité électorale. (Ar. C., 7 mai 1875.)

La délibération du Bureau est secrète. La décision est prononcée à haute voix par le Président.

Les décisions sont prises à la majorité, et en cas de partage, il en est fait mention au procès-verbal.

Lorsque des bulletins, en nombre assez grand pour modifier les résultats, ont été annulés par le Bureau comme ne contenant pas une désignation suffisante et n'ont pas été annexés au procès-verbal, les opérations électorales, dont le résultat aurait pu être modifié par ces bulletins, doivent être annulées. (Ar. C. 25 juin 1875.)

Il n'en serait pas de même si le nombre des bulletins non annexés n'eût pu modifier le résultat de l'élection. (Id. 2 août 1866.)

Art. 22

(Liste électorale — Dépôt)

« Pendant toute la durée des opérations, une copie de la liste des électeurs, certifiée par le maire, contenant les noms, domicile, qualification de chacun des inscrits, reste déposée sur la table autour de laquelle siège le bureau. »

Ce dépôt est fait afin que chaque électeur puisse prendre communication de la liste.

Art. 23

(Inscriptions — Exceptions)

« Nul ne peut être admis à voter s'il n'est inscrit sur cette liste.

« Toutefois, seront admis à voter, quoique non inscrits, les électeurs porteurs d'une décision du juge de paix ordonnant leur inscription, ou d'un arrêt de la Cour de cassation annulant un jugement qui aurait prononcé leur radiation. »

L'appel des décisions de la commission municipale chargée de dresser les listes électorales est porté devant le juge de paix du canton et se forme par simple déclaration au greffe. Le juge de paix statue dans les dix jours sans frais ni forme de procédure, et sur simple avertissement donné trois jours à l'avance à toutes les parties intéressées. (D. org., 2 février 1852. Art. 22.)

La décision du juge de paix est en dernier ressort, mais elle peut être déférée à la Cour de cassation par toute partie ayant figuré dans l'instance.

D'observations échangées entre M. Cunéo d'Ornano et le rapporteur de la Chambre, il ressort que par « Décision » on doit entendre un jugement rendu par le juge de paix et ordonnant l'inscription, et qu'une simple lettre de ce magistrat au maire ne saurait suffire.

Cette interprétation de la loi met fin à toutes les difficultés.

Art. 24

(Police de la salle de vote)

« Nul électeur ne peut entrer dans l'assemblée porteur d'armes quelconques. »

D. 2 février 1852, art. 10. L. 5 mai 1855, art. 37.

Art. 25

(Mode de votation)

« Les électeurs apportent leurs bulletins préparés en dehors de l'assemblée.

« Le papier du bulletin doit être blanc et sans signe extérieur.

« L'électeur remet au président son bulletin fermé.

« Le président le dépose dans la boite du scrutin, laquelle doit, avant le commencement du vote, avoir été fermée à deux serrures dont les clefs restent l'une entre les mains du président, l'autre entre les mains de l'assesseur le plus âgé.

« Le vote de chaque électeur est constaté sur la liste, en marge de son nom, par la signature ou le paraphe avec initiales, de l'un des membres du bureau. »

Le vote à bulletin ouvert est rigoureusement interdit par ce texte. Si un électeur se présentait au scrutin avec un bulletin ouvert, le Président devrait l'inviter à le fermer. Si l'électeur ne se rendait pas à cette injonction, le Président devrait refuser de recevoir son bulletin.

Art. 26

(Durée du scrutin)

« Le Président doit constater, au commencement de l'opération, l'heure à laquelle le scrutin est ouvert.

« Le scrutin ne peut être fermé qu'après avoir été ouvert pendant six heures au moins.

« Le président constate l'heure à laquelle il déclare le scrutin clos; après cette déclaration, aucun vote ne peut être reçu. »

Se conformant aux principes de la loi de 1875, la commission avait proposé un minimum de trois heures pour la durée du scrutin.

Mais la Chambre, adoptant l'amendement de M. Hippolyte Morel, a décidé que cette durée minima serait portée à six heures afin de faciliter aux électeurs l'accomplissement de leur mandat.

Elle a voulu permettre aux électeurs habitant les fermes, les hameaux souvent distants de plus d'une ou deux heures, où il était impossible d'établir des bureaux de vote, d'exercer leur devoir électoral rendu souvent presque impossible avec l'ancienne législation.

Art. 27

(Dépouillement du scrutin)

« Après la clôture du scrutin, il est procédé au dépouillement de la manière suivante :

« La boite du scrutin est ouverte, et le nombre des bulletins vérifié.

« Si ce nombre est plus grand ou moindre que celui des votants, il en est fait mention au procès-verbal.

« Le bureau désigne parmi les électeurs présents un certain nombre de scrutateurs.

« Le Président et les membres du bureau surveillent l'opération du dépouillement.

« Ils peuvent y procéder eux-mêmes s'il y a moins de 300 votants. »

Les scrutateurs prennent place au nombre de quatre au moins, pour chaque table, à des tables disposées de manière que les électeurs puissent circuler autour.

Le Président du bureau répartit les bulletins à vérifier entre les diverses tables de scrutateurs.

Art. 28

(Bulletins de vote)

« Les bulletins sont valables bien qu'ils portent plus ou moins de noms qu'il n'y a de conseillers à élire.

« Les derniers noms inscrits au delà de ce nombre ne sont pas comptés.

« Les bulletins blancs ou illisibles, ceux qui ne contiennent pas une désignation suffisante, ou dans lesquels les votants se font connaître, n'entrent pas en compte dans le résultat du dépouillement, mais ils sont annexés au procès-verbal. »

Les bulletins écrits sur un papier transparent qui permet de reconnaître facilement le vote doivent-ils être écartés et considérés comme nuls ?

A cette question posée par M. Girault du Cher, le rapporteur, M. de Marcère, a répondu :

« Le bureau qui est juge de ces questions pourra toujours déclarer que tel bulletin porte un signe apparent visible, extérieur, qui ne permet pas de le considérer comme valable. Il n'y a que le bureau électoral qui puisse se prononcer sur ce point. »

Quant aux bulletins qui pourraient contenir des numéros à l'intérieur, ils devront être annulés. (Réponse de M. de Marcère à une question de M. Cunéo d'Ornano.)

Lorsque l'emploi des bulletins écrits sur des papiers non blancs n'a pas constitué une manœuvre et qu'il n'y a pas lieu d'annuler l'élection, ces bulletins ne peuvent être attribués aux candidats dont ils portent les noms. Mais ils doivent entrer en compte pour fixer le nombre des suffrages exprimés et la majorité absolue.

On ne saurait, toutefois, considérer comme insuffisants les bulletins qui, bien que défectueux sous quelques rapports, ne laissent aucun doute sur la personne qu'on a voulu désigner.

Ainsi le bulletin portant le nom du candidat irrégulièrement écrit doit lui être compté. (Ar. C., 21 juillet 1849.)

De même pour le bulletin qui désigne le candidat par son surnom ou sobriquet, lorsque cette désignation ne peut s'appliquer à un autre électeur. (Id. 17 juin 1835.)

Encore lorsque le nom est commun à plusieurs éligibles, mais que l'un d'eux est notoirement candidat, c'est à celui-là seul que doivent être attribués les bulletins portant ce nom sans autre désignation. (Id. 19 novembre 1875 et 2 mars 1877.)

Enfin lorsque le nom d'un candidat se compose de deux noms réunis, le bulletin ne portant que l'un de ces noms doit lui être attribué, pourvu que ce nom, dans la commune, ne soit pas porté par une autre personne.

Art. 29

(Résultat du scrutin — Procès-verbal)

« Immédiatement après le dépouillement, le Président proclame le résultat du scrutin.

« Le procès-verbal des opérations est dressé par le secrétaire ; il est signé par lui et les autres membres du bureau. Une copie, également signée du secrétaire et des membres du bureau, en est aussitôt envoyée, par l'intermédiaire du sous-préfet, au préfet, qui en constate la réception sur un registre, et en donne récépissé. L'extrait en est immédiatement affiché par les soins du maire.

« Les bulletins, autres que ceux qui doivent être annexés au procès-verbal, sont brûlés en présence des électeurs. »

Les bulletins doivent être brûlés. Voilà la règle générale. Toutefois les bulletins contestés doivent être annexés au procès-verbal. (Se rapporter à la note de l'art. 21.)

Pour les collèges divisés en bureaux de vote, le dépouillement du scrutin se fait dans chaque section. Le résultat, signé par le bureau, est porté par le Président au bureau de la première section, qui en présence des Présidents des autres sections opère le recensement général. (D. 2 février 1852. Art. 32.)

Le bureau central n'a pas à revenir sur les attributions des bulletins faites par les bureaux de vote; il fait le recensement général d'après les procès-verbaux, proclame le résultat des votes et en dresse un procès-verbal en double.

Art. 30

(Majorité nécessaire à l'élection)

« Nul n'est élu au premier tour de scrutin s'il n'a réuni :

« 1° La majorité absolue des suffrages exprimés; 2° un nombre de suffrages égal au quart de celui des électeurs inscrits. Au deuxième tour de scrutin, l'élection a lieu à la majorité relative, quel que soit le nombre des votants. Si plusieurs candidats obtiennent le même nombre de suffrages, l'élection est acquise au plus âgé.

« En cas de deuxième tour de scrutin, l'assemblée est de droit convoquée pour le dimanche suivant. Le maire fait les publications nécessaires. »

Il ne faut pas confondre le nombre de suffrages exprimés avec le nombre de suffrages constatés sur la liste d'émargement. Les bulletins blancs ou illisibles, ceux qui ne contiennent pas une désignation suffisante, ou qui contiennent une désignation ou qualification inconstitutionnelle, ou dans lesquels les votants se sont fait connaître n'entrent pas en compte, et la majorité exigée est calculée d'après le nombre de suffrages exprimés.

Les militaires en activité de service, inscrits sur les listes quoique non présents, doivent être comptés dans le calcul du quart des électeurs inscrits. (Ar. C. 25 avril 1867.)

Par suite de l'adoption de l'amendement de M. Morel qui est devenu le paragraphe 2 de l'art. 30, il ne saurait être procédé, le même jour, à deux tours de scrutin.

Sous l'ancienne législation, le Préfet avait le droit d'autoriser le maire à faire procéder au premier scrutin et au scrutin de ballotage dans la même journée.

Art. 31

(Conditions d'éligibilité)

« Sont éligibles au Conseil municipal, sauf les restrictions portées au dernier paragraphe du présent article et aux deux articles suivants, tous les électeurs de la commune et les citoyens inscrits au rôle des contributions directes ou justifiant qu'ils devaient y être inscrits au 1er janvier de l'année de l'élection, âgés de vingt-cinq ans accomplis.

« Toutefois, le nombre des conseillers qui ne résident pas dans la commune au moment de l'élection ne peut excéder le quart des membres du Conseil. S'il dépasse ce chiffre, la préférence est déterminée suivant les règles posées à l'art. 49.

« Ne sont pas éligibles les militaires et employés des armées de terre et de mer en activité de service. »

La préférence est déterminée (art. 49) : « 1° Par la date la plus ancienne des nominations ;

« 2° Entre conseillers élus le même jour, par le plus grand nombre de suffrages exprimés ;

« 3° Et à égalité de voix, par la priorité d'âge. »

En admettant à l'éligibilité les citoyens qui, bien que non électeurs dans la commune, y sont inscrits au rôle des quatre contributions directes, la Chambre a ratifié un principe antérieur. En effet, de tout temps, on a considéré qu'indépendamment des conseillers municipaux *domiciliés dans la commune*, on pourrait élire un certain nombre de personnes qui, quoique ne figurant pas sur les listes électorales de la commune, pouvaient très légitimement et très utilement pour les intérêts de la commune, figurer dans le Conseil municipal. C'est ainsi que dans toutes les lois antérieures, on a réservé le quart des places, au Conseil municipal, pour ce qu'on appelle les conseillers municipaux *forains*, c'est-à-dire pour les conseillers municipaux qui ne sont pas domiciliés dans la commune, qui n'y sont pas électeurs, mais y possèdent des propriétés et sont inscrits au rôle des quatre contributions directes.

ART. 32

(Incapacités)

« Ne peuvent être conseillers municipaux :

« 1° Les individus privés du droit électoral;

« 2° Ceux qui sont pourvus d'un conseil judiciaire;

« 3° Ceux qui sont dispensés de subvenir aux charges communales et ceux qui sont secourus par les bureaux de bienfaisance;

« 4° Les domestiques attachés exclusivement à la personne. »

On ne saurait comprendre parmi les non éligibles, les personnes âgées de soixante-dix ans, qui sont, en raison de leur âge, dispensées de la prestation, lesquelles peuvent faire d'excellents conseillers municipaux. Du reste le paragraphe 3 est la reproduction intégrale de l'ancienne loi, dont le sens a été parfaitement déterminé par la jurisprudence du Conseil d'État. En résumé, pour ne pouvoir être élu Conseiller, il faut être réellement indigent.

Un arrêt de la Cour de cassation du 8 novembre 1880 a décidé que celui qui, à raison de son âge, est dispensé de l'acquittement des prestations en nature relatives aux chemins vicinaux, ne pourrai réclamer le bénéfice de la loi électorale qu'autant qu'il avait été antérieurement porté, dans cette même commune, au rôle de cette contribution.

Il est entendu que les gardes forestiers, les jardiniers qui quelquefois, accidentellement, font le service de domestiques, mais qui ne le font pas d'habitude, ne rentrent pas dans les exceptions prévues par la loi.

(*M. de Trévéneuc. M. Demôle.*)

ART. 33

(Inéligibilité)

« Ne sont pas éligibles dans le ressort où ils exercent leurs fonctions :

« 1° Les préfets, sous-préfets, secrétaires généraux, conseillers de préfecture; et, dans les colonies régies par la présente loi, les gouverneurs, directeurs de l'Intérieur, et les membres du Conseil privé;

« 2° Les commissaires et les agents de police;

« 3° Les magistrats des Cours d'appel et des tribunaux de première instance, à l'exception des juges suppléants auxquels l'instruction n'est pas confiée;

« 4° Les juges de paix titulaires;

« 5° Les comptables des deniers communaux et les entrepreneurs des services municipaux;

« 6° Les instituteurs publics;

« 7° Les employés de préfecture ou de sous-préfecture;

« 8° Les ingénieurs et les conducteurs des ponts et chaussées, chargés du service de la voirie urbaine et vicinale, et les agents-voyers;

« 9° Les ministres en exercice d'un culte légalement reconnu.

« 10° Les agents salariés de la commune, parmi lesquels ne sont pas compris ceux qui, étant fonctionnaires publics ou exerçant une profession indépendante, ne reçoivent une indemnité de la commune, qu'à raison des services qu'ils lui rendent dans l'exercice de cette profession. »

Sur le paragraphe 3, *M. Arthur Legrand* a proposé de remplacer les mots : « Les magistrats des Cours d'appel » par ceux-ci : « Les membres des Cours d'appel. » La Chambre a rejeté l'amendement. Donc, quoique membres des tribunaux, les greffiers sont éligibles dans le ressort où ils exercent leurs fonctions, car le mot « magistrat » ne concerne que ceux qui rendent la justice.

Sur le paragraphe 10 une importante discussion a eu lieu. La question s'était élevée de savoir ce que l'on entendait par agents salariés de la commune.

Il est impossible, répondit *M. de Marcère*, dans un texte semblable, de faire une énumération des personnes, dont la situation est visée par l'article 33, qui seraient reconnues éligibles et de celles qui ne le seraient pas.

Il faut, dans ces matières, s'en rapporter à la jurisprudence du Conseil d'État, qui fixe les points douteux quand il s'en présente.

Mais, quant aux termes dont nous nous sommes servis, nous avons pensé qu'ils rendaient parfaitement l'idée de la Commission et qu'ainsi les « agents salariés de la commune » comprennent l'ensemble du personnel, qu'il est très facile de le déterminer dans la pratique, et qu'enfin si des difficultés s'élevaient à cet égard, la jurisprudence du Conseil d'État suffirait à les résoudre.

Ainsi, l'agent du service télégraphique qui, en vertu d'un contrat antérieur passé entre le Ministre des postes et télégraphes et la commune, reçoit sur les fonds communaux un supplément de traitement, ne doit pas être compris parmi les agents salariés de la commune. Il est donc éligible.

De même les conducteurs de travaux publics, qui étant également des fonctionnaires publics, peuvent recevoir une indemnité de la commune, à raison de l'exercice de leur profession, ne doivent pas être considérés comme inéligibles. C'est pour compléter et rendre plus clair et aussi précis que possible notre texte, et en prévision des difficultés qui peuvent se présenter, que nous avons ajouté ces mots : « parmi lesquels ne sont pas compris ceux qui, étant fonctionnaires publics ou exerçant une profession indépendante, ne reçoivent une indemnité de la commune qu'à raison des services qu'ils lui rendent dans l'exercice de cette profession. »

Il n'y a pas incompatibilité entre les fonctions de Conseiller municipal et de médecin chargé de donner des soins aux indigents, lorsque le médecin a reçu sa commission du préfet et non du maire et que l'indemnité qu'il reçoit au sujet de ses fonctions est inscrite au budget du bureau de bienfaisance.

Mais les médecins des pauvres qui touchent un traitement sur le budget communal sont inéligibles au Conseil municipal.

L'entrepreneur des travaux d'entretien à exécuter sur les chemins vicinaux de grande communication ne peut être, à raison de ce marché, considéré comme entrepreneur d'un service communal.

Le Conseiller municipal d'une commune, devenu entrepreneur des travaux d'entretien de chemins vicinaux de grande communication situés en partie sur le territoire de la commune qu'il représente, ne saurait être pour ce fait déchu de son mandat. (Ar. C. 7 août 1875.)

En effet, l'incompatibilité qui frappe les entrepreneurs de services communaux ne s'applique qu'aux services qui créent entre les communes et les adjudicataires des rapports d'intérêt et de dépendance constants et journaliers.

Ainsi il faut considérer comme inéligible le concessionnaire de l'éclairage d'une commune. (Ibid. 27 avril 1877.)

Le Sénat, au paragraphe 8, a ajouté au mot « voirie » ces mots « urbaine et vicinale. » Cette disposition ainsi modifiée permet aux ingénieurs et conducteurs des ponts et chaussées, qui ne sont chargés que des services nationaux et départementaux, d'être éligibles au Conseil municipal dans le ressort où ils exercent leurs fonctions. Sont donc seulement déclarés inéligibles les ingénieurs et conducteurs des ponts et chaussées qui exercent les fonctions d'agents-voyers, c'est-à-dire ceux qui sont chargés du service de la voirie urbaine, des rues, qui sont la propriété même des villes ou des villages qu'elles traversent, ou bien encore de la voirie vicinale comprenant les chemins de grande communication et d'intérêt commun ou les chemins vicinaux ordinaires.

Art. 34

(Incompatibilités)

« Les fonctions de Conseiller municipal sont incompatibles avec celles :

« 1° De préfet, de sous-préfet et de secrétaire général de préfecture ;

« 2° De commissaire et d'agent de police ;

« 3° De gouverneur, directeur de l'intérieur et de membre du Conseil privé dans les colonies.

« Les fonctionnaires désignés au présent article qui seraient élus membres d'un Conseil municipal auront, à partir de la proclamation du résultat du scrutin, un délai de dix jours pour opter entre l'acceptation du mandat et la conservation de leur emploi. A défaut de déclaration adressée dans ce délai à leurs supérieurs hiérarchiques, ils seront réputés avoir opté pour la conservation dudit emploi. »

L'article 34 a établi les règles de l'incompatibilité relative. L'élection sera valable en cas d'option de l'élu pour le mandat de Conseiller municipal dans le délai prescrit.

Art. 35

(Empêchements)

« Nul ne peut être membre de plusieurs Conseils municipaux.

« Un délai de dix jours, à partir de la proclamation du résultat du scrutin, est accordé au conseiller municipal nommé dans plusieurs communes pour faire sa déclaration d'option. Cette déclaration est adressée aux préfets des départements intéressés.

« Si, dans ce délai, le conseiller élu n'a pas fait connaître son option, il fait partie de droit du Conseil de la commune où le nombre des électeurs est le moins élevé.

« Dans les communes de 501 habitants et au dessus, les ascendants et les descendants, les frères et les alliés au même degré ne peuvent être simultanément membres du Conseil municipal.

« L'art. 49 est applicable aux cas prévus par le paragraphe précédent. »

M. de Lanjuinais avait demandé la suppression de ces mots : « alliés au même degré », pensant qu'on ne peut interdire à deux beaux-frères de faire partie du même Conseil municipal, surtout lorsque l'un d'eux devient veuf, ou ayant perdu sa première femme, vient à se remarier.

Cet amendement a été rejeté. Mais il est bon de remarquer que deux électeurs qui auraient épousé les deux sœurs ne sont pas beaux-frères et n'ont entre eux aucun lien de parenté. Donc, ils peuvent être élus dans la même assemblée.

Les règles qui régissent l'élimination de l'un des deux beaux-frères sont tracées par l'article 49.

Art. 36

(Cas d'exclusion)

« Tout conseiller municipal qui, pour une cause survenue postérieurement à sa nomination, se trouve dans un des cas d'exclusion ou d'incompatibilité prévus par la présente loi, est immédiatement déclaré démissionnaire par le préfet, sauf réclamation au Conseil de préfecture dans les dix jours de la notification, et sauf recours au Conseil d'État, conformément aux art. 38, 39 et 40 ci-après. »

Art. 37

(Nullités des opérations électorales — Protestations — Délais Compétence)

« Tout électeur et tout éligible a le droit d'arguer de nullité les opérations électorales de la commune.

« Les réclamations doivent être consignées au procès-verbal, sinon être déposées, à peine de nullité, dans les cinq jours qui suivent le jour de l'élection, au secrétariat de la mairie, ou à la sous-préfecture, ou à la préfecture. Elles sont immédiatement adressées au préfet, et enregistrées par ses soins au greffe du Conseil de préfecture.

« Le préfet, s'il estime que les conditions et les formes légalement prescrites n'ont pas été remplies, peut également, dans le délai de quinzaine à dater de la réception du procès-verbal, déférer les opérations électorales au Conseil de préfecture.

« Dans l'un et l'autre cas, le préfet donne immédiatement connaissance de la réclamation, par la voie administrative, aux conseillers dont l'élection est contestée, les prévenant qu'ils ont cinq jours pour tout délai, à l'effet de déposer leurs défenses au secrétariat de la mairie, de la sous-préfecture ou de la préfecture et de faire connaître s'ils entendent user du droit de présenter des observations orales.

« Il est donné récépissé, soit des réclamations, soit des défenses. »

Les parties dont l'élection est contestée, ainsi que les électeurs qui arguent de nullité les opérations électorales, ont le droit de se faire assister par un avocat, ou de présenter elles-mêmes leurs observations ou leur défense devant le Conseil de Préfecture.

Chacune des parties peut demander la preuve par témoins, mais sur les seuls faits argués dans la contestation.

Si une protestation complémentaire, formée par les mêmes électeurs qui en ont déjà déposé une dans le délai légal, contient des faits nouveaux et est présentée après l'expiration de ce délai, elle doit être rejetée comme tardivement présentée.

Le Conseil de Préfecture ne peut se saisir de griefs qui n'ont pas été relevés par les protestations ou déférés par le Préfet. (Arr. C. 7 août 1875.)

Lorsqu'une protestation n'est dirigée que contre l'un seulement des candidats, le Conseil de Préfecture ne peut, sans excès de pouvoir, annuler les opérations électorales dans leur ensemble. (Id. 7 août 1875.)

Les requérants qui n'ont pas signé la protestation formée devant le Conseil de Préfecture par d'autres électeurs ne sont pas recevables à se pourvoir devant le Conseil d'État contre l'arrêté du Conseil de Préfecture qui a rejeté cette protestation. (Arr. C. 4 avril 1879.)

Art. 38

« Le Conseil de préfecture statue, sauf recours au Conseil d'État.

« Il prononce sa décision dans le délai d'un mois à compter de l'enregistrement des pièces au greffe de la préfecture, et le préfet la fait notifier dans la huitaine de sa date. En cas de renouvellement général, le délai est porté à deux mois.

« S'il intervient une décision ordonnant une preuve, le Conseil de préfecture doit statuer définitivement dans le mois à partir de cette décision.

« Les délais ci-dessus fixés ne commencent à courir, dans le cas prévu par l'art. 39, que du jour où le jugement sur la question préjudicielle est devenu définitif.

« Faute par le Conseil d'avoir statué dans les délais ci-dessus fixés, la réclamation est considérée comme rejetée. Le Conseil de préfecture est dessaisi ; le préfet en informe la partie intéressée qui peut porter sa réclamation devant le Conseil d'État. Le recours est notifié dans les cinq jours au secrétariat de la préfecture par le requérant. »

Aux termes de cet article, le Conseil de Préfecture a un mois de délai, ou deux mois, suivant les cas, pour statuer sur les réclamations dont il peut être saisi à la suite d'élections au Conseil municipal. Si le Conseil de Préfecture ne se prononce pas dans le délai imparti, la réclamation est considérée comme rejetée. Néanmoins la partie intéressée ne peut être privée de tout recours. Ce recours peut être adressé au Conseil d'État. Mais comment saura-t-on que le Conseil de Préfecture n'a pas statué dans les délais ? Ce défaut de décision est le point de départ du droit de recours. Il faut que le réclamant soit averti. Eh bien, lorsque la partie intéressée a reçu du Préfet la notification que le Conseil de Préfecture n'a pas statué et que dès lors la reclamation est considérée comme rejetée, elle aura un délai de cinq jours, à partir de cette notification, pour le recours devant le Conseil d'État. La partie intéressée est au courant de son affaire qui la touche de près : elle est au courant de ce qui se passe ; il n'y a pas de surprise pour elle ; la procédure est instruite. C'est pourquoi le délai de cinq jours a paru assez long.

Art. 39

(Question d'état)

« Dans tous les cas où une réclamation, formée en vertu de la présente loi, implique la solution préjudicielle d'une question d'état, le Conseil de préfecture renvoie les parties à se pourvoir devant les juges compétents, et la partie doit justifier de ses diligences dans le délai de quinzaine ; à défaut de cette justification, il sera passé outre et la décision du Conseil de préfecture devra intervenir dans le mois à partir de ce délai de quinzaine. »

Lorsque la réclamation formée implique la solution préjudicielle d'une question d'état, le Conseil de Préfecture doit surseoir et renvoyer les parties à se pourvoir devant les juges compétents.

Il est bien entendu que le Conseil ne doit se dessaisir que dans les cas où la question présente des doutes sérieux.

Les réclamations d'état peuvent en effet présenter de graves difficultés. On désigne sous cette dénomination les questions qui intéressent notre état civil, notre filiation naturelle ou légitime, notre qualité de mari, de père, notre titre de Français ou d'étranger.

La première condition pour être électeur, et à fortiori éligible, c'est d'être Français de naissance, ou de l'être devenu par un acte de naturalisation.

Celui qui réclame la qualité d'électeur et d'éligible doit donc prouver qu'il est citoyen français.

Les questions de cette nature qui se rattachent à nos droits les plus précieux ont fait considérer les *tribunaux civils* comme pouvant seuls donner aux citoyens des garanties suffisantes.

L'état des personnes est un objet civil en soi-même. Non seulement on peut se l'attribuer par erreur et de bonne foi, mais on peut entreprendre de l'usurper par une imposture criminelle.

L'article 326 du Code civil dispose : « Les tribunaux civils seront seuls compétents pour statuer sur les réclamations d'état. »

Art. 40

(Conseil d'État — Pourvoi)

« Le recours au Conseil d'État contre la décision du Conseil de préfecture est ouvert soit au préfet, soit aux parties intéressées.

« Il doit, à peine de nullité, être déposé au secrétariat de la sous-préfecture ou de la préfecture, dans le délai d'un mois qui court, à l'encontre du préfet, à partir de la décision, et à l'encontre des parties, à partir de la notification qui leur est faite.

« Le préfet donne immédiatement, par la voie administrative, connaissance du recours aux parties intéressées, en les prévenant qu'elles ont quinze jours, pour tout délai, à l'effet de déposer leurs défenses au secrétariat de la sous-préfecture ou de la préfecture.

« Aussitôt ce nouveau délai expiré, le préfet transmet au ministre de l'intérieur, qui les adresse au Conseil d'État, le recours, les défenses, s'il y a lieu, le procès-verbal des opérations électorales, la liste qui a servi aux émargements, une expédition de l'arrêté attaqué et toutes les autres pièces visées dans ledit arrêté; il y joint son avis motivé.

« Les délais pour la constitution d'un avocat, et pour la communication au ministre de l'intérieur, sont d'un mois pour chacune de ces opérations, et de trois mois en ce qui concerne les colonies.

« Le pourvoi est jugé comme affaire urgente et sans frais, et dispensé du timbre et du ministère de l'avocat.

« Les conseillers munipaux proclamés restent en fonctions jusqu'à ce qu'il ait été définitivement statué sur les réclamations.

« Dans le cas où l'annulation de tout ou partie des élections est devenue définitive, l'assemblée des électeurs est convoquée dans un délai qui ne peut excéder deux mois. »

M. Dureau de Vaulcomte, dans un amendement repoussé par la Chambre, proposait de fixer un délai de deux mois au plus, à partir de l'enregistrement au secrétariat général du Conseil d'État, pour que le pourvoi fût jugé comme affaire urgente.

Sur les observations du rapporteur et de M. Arthur Legrand, la Chambre a décidé qu'on ne saurait fixer au Conseil d'État un délai dans lequel il devait statuer, car il n'est pas possible de prévoir le nombre des pourvois auxquels pourront donner lieu les élections municipales dans toute la France.

Le paragraphe 5 doit être ainsi interprété que le dossier ne saurait être conservé *plus d'un mois* au Ministère de l'Intérieur. Ce délai est accordé au Ministre pour examiner l'affaire. Il devra l'adresser alors au Conseil d'État. Ce délai a été ainsi fixé afin que le Ministre ne puisse, en conservant un dossier par devers lui, maintenir indéfiniment en suspens une élection contestée.

La requête par laquelle on forme un recours contre la décision du Conseil de préfecture doit contenir l'exposé sommaire des faits et moyens sur lesquels le recours est fondé, les conclusions, les noms et demeure des parties, l'énumération des pièces qui y seront jointes et dont on entend se servir. (Décret 22 juillet 1806.)

Lorsqu'une requête ne contient pas l'exposé sommaire des faits et moyens sur lesquels le recours est fondé, et que le requérant n'a pas suppléé par la production d'un mémoire ampliatif à l'insuffisance de cette requête, elle doit être rejetée comme non acceptable. (Ar. C. 26 janvier 1877).

Les parties ne sont pas recevables à soumettre au Conseil d'État des griefs qui n'ont pas été produits devant le Conseil de Préfecture.

Cette jurisprudence est constante. (Ar. C. 23 avril, 18 juin, 2 juillet 1875 et 4 février 1876.)

Bien que le secours d'un avocat ne soit pas exigé et que le pourvoi soit jugé sans frais, il n'en est pas moins nécessaire, pour la partie qui veut se faire représenter par un mandataire, de constituer un avocat au Conseil d'État.

Enfin, doivent être rejetées les conclusions des requérants à fins de dépens. (Ar. C. 28 mars 1879.)

Art. 41

(Durée des pouvoirs des Conseils municipaux)

« Les conseils municipaux sont nommés pour quatre ans. Ils sont renouvelés intégralement, le premier dimanche de mai, dans toute la France, lors même qu'ils ont été élus dans l'intervalle. »

Sur cet article, M. le comte de Douville-Maillefeu a développé un amendement tendant à ce que les conseils municipaux ne fussent élus que pour *trois ans.* M. Ferdinand Dreyfus a soutenu la rédaction de la Commission adoptée, du reste, par 329 voix contre 169, en s'appuyant sur cette considération qu'aujourd'hui, avec les règles administratives qui interviennent dans la surveillance et le contrôle des affaires communales, la période de quatre ans est nécessaire pour assurer la bonne gestion des affaires de la commune.

Si dans l'intervalle de ces quatre années un Conseil venait à être dissous et remplacé par un autre, la durée des pouvoirs de la nouvelle assemblée expirera en même temps que celle des autres Conseils municipaux de France.

Par l'adoption de cet article, la durée des pouvoirs des Conseils municipaux est donc augmentée d'une année. Sous l'ancienne législation, ils n'étaient élus que pour trois ans.

Art. 42

(Élections complémentaires)

« Lorsque le conseil municipal se trouve, par l'effet des vacances survenues, réduit aux trois quarts de ses membres, il est, dans le délai de deux mois, à dater de la dernière vacance, procédé à des élections complémentaires.

« Toutefois, dans les six mois qui précèdent le renouvellement intégral, les élections complémentaires ne sont obligatoires qu'au cas où le Conseil municipal aurait perdu plus de la moitié de ses membres.

« Dans les communes divisées en sections, il y a toujours lieu à faire des élections partielles quand la section a perdu la moitié de ses conseillers. »

Le paragraphe 3 de l'article 32 avait été rédigé avec cette modification : « Dans les communes divisées en sections, il y a toujours lieu de faire des élections partielles quand la section *n'a plus aucun représentant au Conseil.*

M. Bernier a fait observer qu'il était préférable d'appliquer à chacune des sections ce qui est établi pour la commune entière. En effet, il peut n'y avoir dans la commune que deux sections composées, par exemple, de dix membres chacune. Si le premier texte de la Commission eût été adopté, il eût pu se faire qu'il y eût dix membres en exercice dans une section et un seulement dans l'autre par suite de démissions, décès ou autres causes. Cette disproportion serait devenue très nuisible à cette dernière section. Du moment que la loi admet la division par section, elle doit faire en sorte que chaque section soit le plus possible dans un état numérique corrélatif à celui des autres.

Il reste bien entendu qu'en cas d'élections provenant des vacances survenues et lorsqu'il y aura lieu de remplacer des conseillers municipaux élus par des sections, conformément à l'article 11, ces remplacements seront faits par les sections auxquelles appartenaient ces conseillers, quand bien même, depuis les élections intégrales, le Conseil général aurait modifié le sectionnement.

Art. 43

(Dissolution et suspension d'un Conseil municipal)

« Un conseil municipal ne peut être dissous que par décret motivé du président de la République, rendu en Conseil des ministres, et publié au *Journal Officiel*, et, dans les colonies régies par la présente loi, par arrêté du gouverneur en Conseil privé, inséré au *Journal Officiel de la colonie*.

« S'il y a urgence, il peut être provisoirement suspendu par arrêté motivé du préfet, qui doit en rendre compte immédiatement au ministre de l'intérieur. La durée de la suspension ne pourra excéder un mois. Dans les colonies ci-dessus spécifiées, le Conseil municipal peut être suspendu par arrêté motivé du gouverneur. La durée de la suspension ne peut excéder un mois.

« Le gouverneur rend compte immédiatement de sa décision au ministre de la marine et des colonies. »

Il est à remarquer que la suspension d'un Conseil municipal ne peut excéder un mois. Le délai court à partir de la notification de l'arrêté de dissolution. Ce délai expiré, le Conseil municipal suspendu reprend de plein droit ses pouvoirs, si la suspension n'a pas été suivie de la dissolution.

ART. 44

(Délégation spéciale)

« En cas de dissolution d'un Conseil municipal ou de démission de tous ses membres en exercice, et lorsque aucun Conseil municipal ne peut être constitué, une délégation spéciale en remplit les fonctions.

« Dans les huit jours qui suivent la dissolution ou l'acceptation de la démission, cette délégation spéciale est nommée par décret du président de la République, et, dans les colonies, par arrêté du gouverneur.

« Le nombre des membres qui la composent est fixé à trois dans les communes où la population ne dépasse pas 35.000 habitants. Ce nombre peut être porté jusqu'à sept dans les villes d'une population supérieure.

« Le décret ou l'arrêté qui l'institue en nomme le président, et au besoin le vice-président.

« Les pouvoirs de cette délégation spéciale sont limités aux actes de pure administration conservatoire et urgente. En aucun cas il ne lui est permis d'engager les finances municipales au delà des ressources disponibles de l'exercice courant.

« Elle ne peut ni préparer le budget communal, ni recevoir les comptes du maire ou du receveur, ni modifier le personnel ou le régime de l'enseignement public. »

En supprimant les commissions municipales et en les remplaçant par une délégation spéciale, le Sénat a consacré une innovation qui a une grande importance. La Chambre n'avait conservé qu'un seul délégué spécial pour remplir ces fonctions. Mais dans les grandes villes il eût été presque impossible à un seul citoyen de remplir les fonctions multiples qu'exige une administration sévère.

Le Sénat, en substituant au délégué unique la délégation de trois membres, a ajouté une garantie pour la bonne gestion des intérêts communaux pendant la période qui sépare la dissolution d'un Conseil municipal de l'appel aux électeurs chargés de constituer une nouvelle administration.

Une autre raison qui rend très utile l'abrogation de la disposition de la loi de 1837 est que, sous l'empire de cette loi, la commission municipale pouvait être prorogée pendant une durée de trois ans dans l'exercice et la plénitude des fonctions municipales. Ainsi, l'administration supérieure semblait désigner à l'avance des candidats pour les élections prochaines.

Désormais la délégation spéciale n'aura que des pouvoirs très restreints, et ne pourra se mouvoir que dans des limites très étroites, expressément établies dans les paragraphes 5 et 6 du présent article.

En ce qui concerne la révocation ou la suspension des agents communaux dont la nomination est attribuée au maire, le président de la délégation spéciale aura les mêmes droits de nomination ou de destitution desdits agents.

Mais, comme aux termes de l'article 45, les pouvoirs de la délégation spéciale expirent de plein droit dès que le conseil municipal est reconstitué, le nouveau maire maintiendra en fonctions ou révoquera à son gré les agents nommés par le Président de la délégation spéciale, et, reprenant tous ses droits, fera, pour le personnel communal, tous les actes que la loi lui attribue.

Art. 45

« Toutes les fois que le Conseil municipal a été dissous, ou que, par application de l'article précédent, une délégation spéciale a été nommée, il est procédé à la réélection du Conseil municipal dans les deux mois à dater de la dissolution ou de la dernière démission.

« Les fonctions de la délégation spéciale expirent de plein droit dès que le Conseil municipal est reconstitué. »

CHAPITRE II

FONCTIONNEMENT DES CONSEILS MUNICIPAUX

Art. 46

(Session des Conseils municipaux)

« Les Conseils municipaux se réunissent en session ordinaire quatre fois l'année : en février, mai, août et novembre.

« La durée de chaque session est de quinze jours, elle peut être prolongée avec l'autorisation du sous-préfet.

« La session pendant laquelle le budget est discuté peut durer six semaines.

« Pendant les sessions ordinaires, le Conseil municipal peut s'occuper de toutes les matières qui rentrent dans ses attributions. »

La durée de la session ordinaire qui n'était que de huit jours sous l'ancienne législation est portée à quinze jours.

C'est là une amélioration importante. Les quinze jours se comptent à partir du jour de l'ouverture de la session, laquelle est terminée à l'expiration de ce délai, qu'il y ait eu quinze réunions ou non.

Dans ces quatre sessions ordinaires, il y a un ordre du jour réglé d'avance. Il comprend l'ensemble des matières sur lesquelles les Conseillers municipaux peuvent délibérer. Ils sont prévenus; il ne peut y avoir de surprise. Ils savent qu'on pourra aborder toutes les matières qui sont de leur compétence.

Il n'en serait pas de même dans les sessions extraordinaires.

Art. 47

(Convocations extraordinaires)

« Le préfet ou le sous-préfet peut prescrire la convocation extraordinaire du Conseil municipal. Le maire peut également réunir le Conseil municipal chaque fois qu'il le juge utile. Il est tenu de le convoquer quand une demande motivée lui en est faite par la majorité en exercice du Conseil municipal. Dans l'un et l'autre cas, en même temps qu'il convoque le Conseil, il donne avis

au préfet ou au sous-préfet de cette réunion et des motifs qui la rendent nécessaire.

« La convocation contient alors l'indication des objets spéciaux et déterminés pour lesquels le Conseil doit s'assembler, et le Conseil ne peut s'occuper que de ces objets.

D'après l'ancienne législation, la convocation pouvait avoir lieu pour un objet spécial et déterminé quand elle était sollicitée soit par le maire soit par un *tiers des membres* du Conseil municipal. *La demande devait être adressée au Préfet* qui pouvait la refuser par un arrêté motivé. Cet arrêté était notifié aux réclamants, auxquels était ouverte la voie du recours devant le Ministre de l'intérieur.

Désormais la demande motivée, signée par *la majorité* des membres en exercice, sera adressée *au Maire*, qui sera tenu de convoquer l'assemblée, et en donnera simplement avis à l'autorité supérieure.

L'obligation d'indiquer l'objet de la réunion est formelle.

C'est dans l'intérêt des minorités, dans l'intérêt de tous les membres des Conseils municipaux que la loi exige que les membres de l'assemblée communale soient prévenus de l'objet des délibérations en cas de convocation extraordinaire. C'est même dans l'intérêt des majorités. Si, en effet, on permettait à un Conseil municipal de délibérer sur toutes les matières, toutes les fois qu'il sera convoqué, le maire pourrait le saisir de questions particulières, inattendues, et s'il a pris les précautions nécessaires pour que tout le monde ne soit pas présent, il pourra faire passer à l'improviste une délibération, et ainsi obtenir des votes qui seraient regrettables.

Il est impossible de convoquer des citoyens qui doivent conférer entre eux sans leur dire de quoi ils auront à s'entretenir et qui ne pourront pas savoir quel sera l'objet de leur réunion puisque ce sera tantôt le maire, le sous-préfet, le préfet, tantôt un certain nombre de membres du Conseil qui auront provoqué la réunion de l'assemblée communale.

En principe, toutes les fois que l'on convoque un corps électif quelconque, on lui fait connaître en même temps l'ordre du jour, c'est-à-dire l'ordre des matières sur lesquelles il aura à délibérer. Bien plus, si le Conseil municipal en majorité désire être appelé à délibérer sur une nouvelle question spéciale, la loi lui en fournit le moyen.

Le Conseil fera connaître son avis au maire, le maire fera une nouvelle convocation, et il fera figurer à l'ordre du jour de cette nouvelle convocation la question sur laquelle le Conseil a manifesté le désir de délibérer. Il y a obligation pour le maire de convoquer le Conseil quand la majorité le demande, l'autorisation de l'autorité supérieure n'est plus exigée par la loi. Le maire donne avis de la réunion et cet avis suffit.

Art. 48

(Convocations)

« Toute convocation est faite par le maire. Elle est mentionnée au registre des délibérations, affichée à la porte de la mairie, et adressée par écrit et à domicile, trois jours francs au moins avant celui de la réunion.

« En cas d'urgence, le délai peut être abrégé par le préfet ou le sous-préfet. »

Sous l'empire de la loi de 1855, la convocation devait être faite cinq jours au moins à l'avance. La Chambre a réduit ce délai à trois jours qui sont bien suffisants pour permettre aux Conseillers municipaux de prendre leurs mesures pour assister à la séance.

Note générale sur les articles 46, 47 et 48

L'adoption des articles 46, 47, et 48 relatifs à la session ordinaire des Conseils municipaux et à leur convocation en session extraordinaire modifie l'ancienne législation en donnant aux Conseils municipaux une importance plus considérable. C'est ce qui résulte des explications même du Rapporteur de la Commission en réponse au reproche adressé par *M. Lorois* « qu'il y a toujours inconvénient à permettre au « maire de convoquer le Conseil municipal pour délibérer sur toutes « espèces de questions. »

La Chambre voit bien, dit *M. de Marcère*, que la Commission a eu l'intention d'étendre dans des proportions considérables, *presque indéfinies*, les pouvoirs des Conseils municipaux, et de leur donner les moyens d'exercer leur action sans aucune espèce d'entrave.

Aux termes de l'ancienne législation, les Conseils municipaux avaient quatre sessions ordinaires dans l'année, pendant lesquelles ils pouvaient délibérer sur toutes les matières de leurs compétences. Par notre loi, nous maintenons cette disposition, les Conseils conservent les droits de réunion et de délibération qui leur étaient attribués, puis nous ajoutons : Indépendamment de ces quatre sessions, toutes les fois qu'un certain nombre de Conseillers municipaux le demanderont ou que le maire le jugera à propos, il convoquera le Conseil municipal, seulement il devra indiquer l'objet de la réunion ; c'est autant dans l'intérêt de l'extension des attributions des Conseillers municipaux que pour le bon ordre des délibérations mêmes qu'il faut que les

Conseillers municipaux sachent pourquoi ils sont convoqués. C'est là l'utilité essentielle de cet avis, qui d'ailleurs n'offre aucun inconvénient. Nous avons voulu donner toutes les facilités possibles au Conseil pour gérer les affaires de la Commune.

Le seul inconvénient qui ait été signalé, c'est cette liberté que vous appelez peut-être excessive, mais que pour ma part je considère comme excellente.

C'est là une amélioration sensible, qui caractérise notre loi, et qui relève singulièrement l'importance et le pouvoir des Conseils municipaux.

Art. 49

(Tableau du Conseil — Rang que doivent occuper les conseillers)

« Les conseillers municipaux prennent rang dans l'ordre du tableau.

« L'ordre du tableau est déterminé même quand il y a des sections électorales :

« 1° Par la date la plus ancienne des nominations ;

« 2° Entre conseillers élus le même jour, par le plus grand nombre de suffrages obtenus ;

« 3° Et à égalité de voix, par la priorité d'âge.

« Un double du tableau reste déposé dans les bureaux de la mairie, de la sous-préfecture et de la préfecture, où chacun peut en prendre communication ou copie. »

Art. 50

(De la validité des délibérations)

« Le Conseil municipal ne peut délibérer que lorsque la majorité de ses membres en exercice assiste à la séance.

« Quand, après deux convocations successives, à trois jours au moins d'intervalle et dûment constatées, le Conseil municipal ne s'est pas réuni en nombre suffisant, la délibération prise après la troisième convocation est valable, quel que soit le nombre des membres présents. »

Lorsque le Conseil municipal est réduit aux trois quarts de ses membres, ou à moins, il ne peut délibérer que si la majorité des membres en exercice assiste à la séance. Dans ce cas, le quorum doit être basé sur le nombre des Conseillers restants, et le nombre exigible pour la régularité des délibérations doit être réduit.

Ainsi supposons un Conseil municipal de 40 membres. Il est réduit à 23 ou 21, il aura le droit de continuer à administrer les affaires de la Commune jusqu'aux élections complémentaires; et le nombre des Conseillers présents à la séance pour délibérer devra être de 13 membres au minimum. Tant que les Conseillers restent en nombre suffisant pour délibérer, le Conseil municipal conserve toutes ses attributions.

Art. 51

(Scrutin public et bulletin secret)

« Les délibérations sont prises à la majorité absolue des votants.

« En cas de partage, sauf le cas de scrutin secret, la voix du président est prépondérante. Le vote a lieu au scrutin public, sur la demande du quart des membres présents; les noms des votants, avec la désignation de leurs votes, sont insérés au procès-verbal.

« Il est voté au scrutin secret toutes les fois que le tiers des membres présents le réclame, ou qu'il s'agit de procéder à une nomination ou présentation.

« Dans ce dernier cas, après deux tours de scrutin secret, si aucun des candidats n'a obtenu la majorité absolue, il est procédé à un troisième tour de scrutin, et l'élection a lieu à la majorité relative; à égalité de voix, l'élection est acquise au plus âgé. »

Lorsque le tiers des membres d'un Conseil le réclame, le vote au *Bulletin secret* devient obligatoire, quand bien même il aurait été formulé antérieurement une demande de scrutin public signée du quart des membres présents concernant la même délibération.

En outre, il est toujours voté au Bulletin secret, sans qu'une demande soit nécessaire, lorsqu'il s'agit de procéder à une nomination ou à une présentation; ainsi, par exemple, lors de l'élection du maire et des adjoints; de deux membres du Conseil municipal pour assister aux adjudications; du délégué sénatorial et de son suppléant.

Art. 52

(Présidence des séances)

« Le maire, et à défaut celui qui le remplace, préside le Conseil municipal.

« Dans les séances où les comptes d'administration du maire sont débattus, le Conseil municipal élit son président.

« Dans ce cas, le maire peut, même quand il ne serait plus en fonctions, assister à la discussion ; mais il doit se retirer au moment du vote. Le Président adresse directement la délibération au sous-préfet. »

Il est utile d'insister sur ce changement. Sous l'empire de la loi de 1837, c'était le membre le plus âgé du Conseil qui présidait la séance dans laquelle le maire rendait ses comptes. Désormais il y aura lieu d'élire le Président de l'assemblée.

ART. 53

(Des Secrétaires auxiliaires)

« Au début de chaque session, et pour sa durée, le Conseil municipal nomme un ou plusieurs de ses membres pour remplir les fonctions de secrétaire.

« Il peut leur adjoindre des auxiliaires, pris en dehors de ses membres, qui assisteront aux séances, mais sans participer aux délibérations. »

L'introduction d'un secrétaire étranger au Conseil municipal avait souvent donné lieu à des difficultés, principalement dans les communes rurales, où l'instruction peu répandue rendait indispensable la présence de l'instituteur ou du secrétaire de la mairie aux réunions des assemblées. C'était une tolérance de l'administration supérieure.

Désormais la difficulté est tranchée par l'admission de secrétaires auxiliaires.

ART. 54

(Publicité des séances)

« Les séances des Conseils municipaux sont publiques. Néanmoins, sur la demande de trois membres ou du maire, le Conseil municipal, par assis et levé, sans débats, décide s'il se formera en comité secret. »

La publicité des séances constitue un progrès dès long. ps réclamé par l'opinion publique.

La publicité à tous les degrés, la publicité des séances de tous les corps élus, c'est la véritable condition d'existence de la liberté politique.

Sans la publicité, disait en 1871 M. Waddington, il n'y a ni responsabilité efficace, ni émulation féconde dans les assemblées.

Il y aura certainement, écrivait M. Jules Ferry dans un rapport antérieur, sous l'œil du public, moins de laisser-aller dans la délibération, moins de précipitation dans l'expédition des affaires : une responsabilité plus directe, plus effective, pèsera sur chacun des membres du Conseil : c'est un grand bien.

De la discussion qui a eu lieu à la Chambre sur cet article, il résulte que tout le monde pourra entrer dans la salle des délibérations, même les femmes, même un étranger à la commune.

Il est nécessaire d'ajouter que le maire est là précisément pour maintenir le bon ordre et pour régler le mode des délibérations, ainsi que l'explique l'article suivant.

Art. 55

(Police de l'assemblée)

« Le maire a seul la police de l'assemblée. Il peut faire expulser de l'auditoire ou arrêter tout individu qui trouble l'ordre. En cas de crime ou de délit, il en dresse un procès-verbal, et le procureur de la République en est immédiatement saisi. »

Il est bien entendu que dans les séances où le maire est absent, c'est à l'adjoint ou, à son défaut, au conseiller municipal qui préside la séance, qu'appartient la police de l'assemblée. De même dans les séances où les comptes du maire sont débattus et examinés, le président élu par le Conseil aura seul ce droit de police pendant le cours de la discussion. En résumé, celui qui préside la séance de l'assemblée communale en a seul la police.

Cela résulte des termes de l'article 52.

Art. 56

(Affichage)

« Le compte rendu de la séance est, dans la huitaine, affiché par extrait à la porte de la mairie. »

L'affichage de l'extrait de la délibération du Conseil municipal à la porte de la mairie est une innovation. C'est là un nouveau mode de publicité ajouté à la publicité des séances, afin que chaque citoyen puisse être au courant des affaires de la commune.

Art. 57

(Du registre)

« Les délibérations sont inscrites, par ordre de date, sur un registre coté et paraphé par le préfet ou le sous-préfet.

« Elles sont signées par tous les membres présents à la séance, ou mention est faite de la cause qui les a empêchés de signer. »

Les Conseils municipaux font comme toutes les assemblées, c'est-à-dire que lorsque le procès verbal d'une réunion a été rédigé, ceux qui ont à se plaindre de la façon dont il est fait peuvent présenter des observations.

La loi a fait ce qu'elle devait faire en laissant aux conseillers municipaux le soin de statuer sur le procès-verbal de leurs séances.

Art. 58

(Communication des procès-verbaux)

« Tout habitant ou contribuable a le droit de demander communication, sans déplacement, de prendre copie totale ou partielle des procès-verbaux du Conseil municipal, des budgets et des comptes de la commune, des arrêtés municipaux.

« Chacun peut les publier sous sa responsabilité. »

Les mairies sont ouvertes à de certaines heures. Ce sont des bureaux publics comme toutes les administrations publiques. Les intéressés pourront prendre communication des pièces, pendant la journée, aux heures où la mairie est ouverte à tout le monde, aux employés comme aux citoyens. Ceci est l'objet d'un règlement intérieur qui concerne toutes les affaires de la commune.

Dans le cas où le maire refuserait la communication des pièces de comptabilité, des procès-verbaux des délibérations, on devrait s'adresser au préfet. Si le préfet refuse, au ministre de l'intérieur; si ce dernier refuse à son tour, on s'adressera au Conseil d'Etat pour excès de pouvoir.

Art. 59

(Des Commissions d'études)

« Le Conseil municipal peut former, au cours de chaque session, des Commissions chargées d'étudier les questions soumises au Conseil, soit par l'administration, soit par l'initiative de l'un de ses membres.

« Les Commissions peuvent tenir leurs séances dans l'intervalle des sessions.

« Elles sont convoquées par le maire, qui en est le président de droit, dans les huit jours qui suivent leur nomination, ou à plus bref délai sur la demande de la majorité des membres qui les composent.

« Dans cette première réunion, les Commissions désignent un vice-président qui peut les convoquer et les présider, si le maire est absent ou empêché. »

M. Papon avait, sur le paragraphe 3, déposé un amendement qui a été repoussé. Il était ainsi conçu : « Les Commissions nomment leurs présidents, secrétaires et rapporteurs. Elles se réuniront sur la convocation de leur président. Les convocations sont transmises par le secrétariat de la mairie, le maire ou son délégué peut toujours se présenter dans les commissions. Dans ce cas, il les préside et a voix prépondérante en cas de partage. »

L'adoption de cet amendement eût permis aux commissions de se réunir, de délibérer, sans que le maire qui est de droit président, fût même informé de leurs convocations. C'était l'autonomie des commissions imposée. Or, il n'est pas possible d'admettre qu'il se fasse dans la mairie quelque chose que le maire ignore, que des commissions soient convoquées sans qu'il en soit prévenu.

Il faut que le maire soit au courant de ce qui se passe dans la municipalité, et ce n'est qu'à cette condition qu'on lui maintiendra dans la commune la situation prépondérante que la loi a voulu lui conserver.

Dans le cas où la commission verrait sa mission interrompue par la mauvaise volonté du maire, le vice-président pourra toujours, en cas d'absence ou d'empêchement du maire, convoquer la commission, mais non pas indépendamment et à l'insu de ce fonctionnaire municipal.

Toutefois, les commissions ne sauraient être permanentes, ce qui tendrait à placer l'administration entre les mains du Conseil municipal, tandis qu'elle appartient exclusivement au maire. Elles sont instituées pour préparer un travail sur un objet déterminé, et leur fonctionnement cesse du jour où le Conseil municipal a délibéré sur le rapport qui lui a été soumis. Leur durée n'est pas limitée à la durée même des sessions. Tant que l'affaire que la commission a été chargée d'examiner n'est pas terminée, la commission en reste saisie.

Enfin, le paragraphe 3 impose au maire l'obligation de convoquer les commissions dans les huit jours qui suivent leur nomination. Cette obligation a pour sanction de bien définir les devoirs du maire en matière de convocations et de l'obliger à se soumettre aux décisions des élus de la commune.

Le maire peut toujours assister aux séances des commissions. Dans ce cas, il les préside.

Art. 60

(Démission d'office)

« Tout membre du Conseil municipal qui, sans motifs reconnus légitimes par le Conseil, a manqué à trois convocations successives, peut être, après avoir été admis à fournir ses explications, déclaré démissionnaire par le Préfet, sauf recours, dans les dix jours de la notification, devant le Conseil de Préfecture.

« Les démissions sont adressées au Sous-Préfet ; elles sont définitives à partir de l'accusé de réception par le Préfet, et, à défaut de cet accusé de réception, un mois après un nouvel envoi de la démission constatée par lettre recommandée. »

Par convocations successives, il faut entendre, non pas les séances consécutives d'une même session, mais trois sessions consécutives, soit ordinaires, soit extraordinaires.

Il résulte d'un arrêt du Conseil d'État (10 février 1860, Bezou), que la démission ne peut être prononcée sans que le Préfet ait mis le Conseiller municipal en demeure de faire valoir les motifs qui auraient pu l'empêcher de répondre aux convocations.

La loi du 7 juin 1883, qui n'est pas abrogée par les dispositions de la présente loi, se réfère à un autre cas de démission d'office.

Si le Conseiller municipal refusait, sans excuses valables, de remplir une des fonctions qui lui seraient dévolues par la loi, il sera déclaré démissionnaire. (Art. 1er.)

Le refus résultera, soit d'une déclaration expresse, adressée à qui de droit et rendue publique par son auteur, soit de l'abstention persistante après avertissement de l'autorité chargée de la convocation. (Art. 2.)

Le membre ainsi démissionnaire ne pourra être réélu avant le délai d'un an. (Art. 3.)

(A moins, bien entendu, qu'il n'y ait des élections générales dans la commune.)

Les dispositions de cette loi sont appliquées par le Conseil d'État. Sur avis transmis au Préfet par l'autorité qui aura donné l'avertissement suivi de refus, le Ministre de l'intérieur saisira le Conseil d'État dans le délai de trois mois, à peine de déchéance. La contestation sera instruite et jugée sans frais dans le délai de trois mois.

CHAPITRE III

ATTRIBUTIONS DES CONSEILS MUNICIPAUX

ART. 61

(Affaires communales — Impôts de répartition)

« Le Conseil municipal règle par ses délibérations les affaires de la commune.

« Il donne son avis toutes les fois que cet avis est requis par les lois et règlements, ou qu'il est demandé par l'administration supérieure.

« Il réclame, s'il y a lieu, contre le contingent assigné à la commune dans l'établissement des impôts de répartition.

« Il émet des vœux sur tous les objets d'intérêt local.

« Il dresse chaque année une liste contenant un nombre double de celui des répartiteurs et des répartiteurs suppléants à nommer, et, sur cette liste, le Sous-Préfet nomme les cinq répartiteurs visés dans l'article 9 de la loi du 3 frimaire an VII, et les cinq répartiteurs suppléants. »

Le Conseil général répartit chaque année, à la session d'août, les contributions directes et prononce définitivement sur les demandes en réduction formées par les communes.

De même que le maire, le Conseil municipal a des droits qui lui sont propres. Ses attributions sont de diverses natures.

Tantôt il règle par ses délibérations les affaires de la commune, tantôt il ne donne qu'un simple avis. Souvent, cette consultation est obligatoire. (Art. 70.) Dans d'autres cas, ses délibérations sont soumises à l'approbation préfectorale.

Il vote les impositions extraordinaires et les emprunts.

Il délibère sur les comptes d'administration du maire. (Art. 71.)

Il émet des vœux sur tous les objets d'intérêt local, c'est-à-dire qu'il a la faculté, dans ses sessions ordinaires, d'appeler la sollicitude de l'administration supérieure sur l'utilité de certaines mesures qui peuvent intéresser en particulier la commune ; telles que la création d'une route, la construction d'un pont, l'établissement des foires et marchés ; mais les délibérations qu'il prend à cet égard n'engagent point l'administration et ne valent que comme renseignements.

Il nomme un délégué qui participe à l'élection des sénateurs.

Enfin, il dressera chaque année la liste des répartiteurs titulaires et suppléants. Désormais les répartiteurs ne sauraient être choisis en dehors des noms inscrits sur la liste soumise par le Conseil municipal à l'approbation du sous-préfet.

Cette disposition met fin à l'arbitraire qui permettait, sous l'ancienne législation, au sous-préfet, de négliger les présentations faites par le maire et autorisait ce fonctionnaire à choisir les répartiteurs parmi les électeurs qu'il lui plaisait de nommer.

Art. 62

(Transmission des délibérations)

« Expédition de toute délibération est adressée, dans la huitaine, par le Maire au Sous-Préfet, qui en constate la réception sur un registre et en délivre immédiatement récépissé. »

Cette obligation du sous-préfet de tenir un registre pour constater la réception des délibérations municipales et d'en délivrer un récépissé, est de la plus haute importance.

Les municipalités seront ainsi assurées que les vœux qu'elles ont émis auront la suite qu'ils comportent.

Les dossiers administratifs ne pourront plus traîner en longueur. Du jour du récépissé de la délibération les instructions devront suivre, et l'affaire soumise à l'approbation de l'administration supérieure prendra sa marche régulière et naturelle.

Enfin, les bureaux ne pourront plus mettre sur la responsabilité de l'administration des postes les lenteurs auxquelles ils se plaisent; il n'y aura plus de dossiers égarés ou au moins rarement.

Art. 63

(Nullité des délibérations)

« Sont nulles de plein droit :

« 1° Les délibérations d'un Conseil municipal portant sur un objet étranger à ses attributions ou prises hors de sa réunion légale;

« 2° Les délibérations prises en violation d'une loi ou d'un règlement d'administration publique. »

ART. 64

(Annulation des délibérations)

« Sont annulables : Les délibérations auxquelles auraient pris part des membres du Conseil intéressés, soit en leur nom personnel, soit comme mandataires, à l'affaire qui en a fait l'objet. »

L'article 63 prévoit les nullités de droit. L'article 64 prévoit le cas dans lequel la délibération serait annulable.

Cette nullité radicale prévue par l'article 63, que l'autorité saisie aura le devoir impérieux de prononcer, sur laquelle il n'a pas la faculté d'exercer son pouvoir d'appréciation pour savoir s'il la prononcera ou non, cette nullité pourra être proposée ou opposée à toute époque suivant que l'ordre public ou la partie lésée y auront intérêt.

ART. 65

(Nullité de Droit)

« La nullité de droit est déclarée par le Préfet en Conseil de Préfecture. Elle peut être prononcée par le Préfet, et proposée ou opposée par les parties intéressées à toute époque. »

ART. 66

(Annulation)

« L'annulation est prononcée par le préfet en conseil de préfecture.

« Elle peut être provoquée d'office par le préfet dans un délai de trente jours à partir du dépôt du procès-verbal de la délibération à la sous-préfecture ou à la préfecture.

« Elle peut aussi être demandée par toute personne intéressée et par tout contribuable de la commune.

« Dans ce dernier cas, la demande en annulation doit être déposée, à peine de déchéance, à la sous-préfecture ou à la préfecture, dans un délai de quinze jours à partir de l'affichage à la porte de la mairie.

« Il en est donné récépissé.

« Le préfet statuera dans le délai d'un mois.

« Passé le délai de quinze jours sans qu'aucune demande ait été produite, le préfet peut déclarer qu'il ne s'oppose pas à la délibération. »

Si donc un contribuable veut requérir l'annulation d'une délibération à laquelle a pris part un Conseiller municipal directement intéressé, il devra déposer sa demande à la Préfecture ou à la Sous-Préfecture.

Le préfet devra statuer à bref délai; c'est afin qu'aucun doute ne subsiste sur cette obligation que le Sénat a ajouté au texte ces mots : « Le préfet statuera dans le délai d'un mois. »

Art. 67

« Le conseil municipal et, en dehors du conseil, toute partie intéressée peut se pourvoir contre l'arrêté du Préfet devant le conseil d'État. Le pourvoi est introduit et jugé dans les formes du recours pour excès de pouvoir. »

C'est-à-dire par voie contentieuse.

Art. 68

(Délibérations soumises à l'approbation préfectorale)

« Ne sont exécutoires qu'après avoir été approuvées par l'autorité supérieure les délibérations portant sur les objets suivants :

« 1° Les conditions des baux dont la durée dépasse dix-huit ans;

« 2° Les aliénations et échanges de propriété communale;

« 3° Les acquisitions d'immeubles, les constructions nouvelles, les reconstructions entières ou partielles, les projets, plans et devis des grosses réparations et d'entretien, quand la dépense totalisée avec les dépenses de même nature pendant l'exercice courant, dépasse les limites des ressources ordinaires et extraordinaires que les communes peuvent se créer sans autorisation spéciale;

« 4° Les transactions;

« 5° Le changement d'affectation d'une propriété communale déjà affectée à un service public;

« 6° La vaine pâture.

« 7° Le classement, le déclassement, le redressement ou le prolongement, l'élargissement, la suppression, la dénomination des rues et places publiques, la création et la suppression des promenades, squares ou jardins publics, champs de foire, de tir ou de course, l'établissement des plans d'alignement et de nivellement des voies publiques municipales, les modifications à des plans d'alignement adoptés, le tarif des droits de voirie, le tarif des droits de stationnement et de location sur les dépendances de la grande voirie, et, généralement, les tarifs des droits divers à percevoir au profit des communes en vertu de l'article 133 de la présente loi ;

« 8° L'acceptation des dons et legs faits à la commune lorsqu'il y a des charges ou conditions, ou lorsqu'ils donnent lieu à des réclamations des familles ;

« 9° Le budget communal ;

« 10° Les crédits supplémentaires ;

« 11° Les contributions extraordinaires et les emprunts, sauf dans le cas prévu par l'article 141 de la présente loi ;

« 12° Les octrois ;

« 13° L'établissement, la suppression ou les changements des foires et marchés, autres que les simples marchés d'approvisionnement.

« Les délibérations qui ne sont pas soumises à l'approbation préfectorale ne deviendront néanmoins exécutoires qu'un mois après le dépôt qui aura été fait à la préfecture ou à la sous-préfecture. Le préfet pourra, par un arrêté, abréger ce délai. »

Sur l'ensemble de l'article, M. Eugène Ténot avait déposé un amendement qui rendait exécutoires les délibérations portant sur les objets énumérés dans ledit article, si dans le délai de trois mois à partir de la réception par le sous-préfet, un arrêté préfectoral n'en avait pas suspendu l'exécution.

En adoptant cet amendement, répondit le rapporteur, la Chambre donnerait au préfet un véritable droit de *Veto* suspensif bien plus grave, bien plus dur pour la commune que le droit d'approbation préalable. La tutelle administrative, qui est l'économie de la nouvelle loi, consiste dans l'approbation préalable du préfet et non dans le droit de suspension dont il est parlé. C'est simplement le contrôle. Lorsque le préfet a laissé passer le délai fixé par l'article 69, s'il a laissé écouler le délai d'un mois sans se prononcer, ou si dans le cours du mois il a prononcé l'annulation, la commune a un recours devant le Ministre de l'intérieur de manière que les affaires de la commune ne sont pas menacées de rester sans solution. L'autorité du préfet ne sera pas en quelque sorte suspendue sur la tête de la commune : celle-ci délibère, elle prend des résolutions et elle n'est pas menacée de voir ses résolutions rester inefficaces.

Du reste, ajouta M. Ferdinand Dreyfus, *dans notre loi, ce qui était la règle autrefois est devenu l'exception*, et au lieu d'énumérer les objets sur lesquels les Conseillers municipaux ont pouvoir de décision, sur lesquels ils peuvent rendre des délibérations définitives exécutoires, nous nous sommes bornés à énumérer les délibérations qui devront être soumises à l'autorité supérieure.

Nous les avons restreintes dans les limites les plus étroites. Nous avons successivement passé en revue tous les cas qui peuvent être soumis en ces matières aux Conseils municipaux, et nous n'avons retenu par devers l'autorité de l'État, par devers l'autorité supérieure, que les délibérations dans lesquelles était engagé un intérêt d'ordre général, qui paraissait nécessiter le contrôle d'un pouvoir supérieur.

Observations générales. Toutes les délibérations municipales qui se rapportent à des objets non énumérés dans l'article 68, ou qui se rapportant à ces objets, auraient une durée moindre, par exemple un bail de moins de dix-huit ans (n° 1), sont exécutoires par elles-mêmes. Ce droit pour les Conseils municipaux de consentir un bail même d'une durée de dix-huit années s'applique et aux biens ruraux et aux biens à loyer des maisons et bâtiments appartenant à la commune. Toutefois il est irrégulier pour une commune de diminuer les loyers de ses immeubles à charge par les locataires de faire exécuter certaines réparations.

C'est là une infraction à ce principe de comptabilité publique qui interdit aux administrations municipales d'effectuer des dépenses sans crédit, par voie de diminution de recette.

Quant aux droits de chasse et de pêche qui sont également susceptibles d'être affermés par les communes (Décr. 25 prairial et 30 nivôse an XII), cette sorte de fermage rentre dans la catégorie des baux ordinaires et doit être régie comme telle. Toutefois le Maire ne peut se rendre adjudicataire du droit de chasse dans la commune qu'il administre (Loi du 3 mai 1844).

(N° 2.) Les communes ne doivent aliéner leurs immeubles qu'en cas d'urgence absolue ou pour un avantage évident. Dans tous les cas, la vente des biens communaux doit être repoussée lorsque la commune peut pourvoir à la dépense par d'autres moyens.

La vente a lieu par voie d'adjudication publique et quelquefois à l'amiable par exemple lorsqu'il s'agit des alignements, ou lorsque l'objet à aliéner a peu de valeur.

Le maire ne peut se rendre adjudicataire des biens de sa commune (Art. 1596, Code civil). Cette interdiction ne s'étend pas aux adjoints ou aux Conseillers municipaux. Elle ne leur serait applicable qu'au cas où ils remplaceraient le maire en sa qualité d'administrateur des biens de la commune, ou s'ils l'assistaient lors de l'adjudication de ces biens. (Déc. Min. Int. Bull. Int. 1878, p. 25.)

Elle ne s'étend pas non plus aux receveurs municipaux; mais ces comptables ne pourraient concourir aux adjudications pour fermages ou loyers, attendu les obligations qui leur sont imposées par l'arrêté du 10 vendémiaire an XII.

Les échanges comme les aliénations ne sont autorisés que lorsqu'il est justifié que l'échange proposé est d'une utilité incontestable pour la commune ou lui procure un avantage évident.

En cette matière, les règles *générales* tracées par les articles 1702 et suivants du Code civil s'appliquent aux communes, comme aux particuliers.

Il est d'ailleurs de règle de n'autoriser ces sortes de transactions entre communes et particuliers que dans un intérêt de service municipal.

Le maire ne pourra contracter avec sa commune par voie d'échange.

Les contestations qui peuvent s'élever en matière d'aliénations communales sont du ressort de l'autorité judiciaire. Aussi, c'est aux tribunaux qu'il appartient de prononcer, tant sur les actions en nullité pour vice de forme que sur les questions d'interprétation ou d'exécution des actes d'adjudication, de surenchère et autres semblables (Cormenin, t. II, p. 121).

(N° 3.) La loi du 24 juillet 1867 (Art. 1er) disposait que la délibération du Conseil municipal était exécutoire d'elle-même en ce qui concerne les acquisitions d'immeubles, lorsque la dépense totalisée avec celle des autres acquisitions déjà votées dans le même exercice ne dépassait pas le *dixième* des revenus ordinaires.

La rédaction du paragraphe 3 augmente dans une notable proportion les pouvoirs des conseillers municipaux.

Ainsi, quand la dépense totalisée avec les dépenses de même nature de l'exercice courant, ne dépassera pas les limites des ressources ordinaires et extraordinaires que les communes peuvent se créer sans autorisation spéciale, les délibérations municipales concernant les acquisitions d'immeubles, constructions, reconstructions, plans et devis de grosses réparations et d'entretien seront exécutoires par elles-mêmes.

Les conseils municipaux pourront disposer à l'avenir de la *totalité* des ressources.

Les acquisitions d'immeubles par les communes, dans le cas prévu par le paragraphe 3, ne peuvent être autorisées qu'autant que la commune aura assuré les ressources suffisantes pour en acquitter le prix.

Cette règle doit être rigoureusement observée.

En ce qui concerne *les acquisitions à terme;* lorsqu'une commune acquiert des immeubles à charge de servir aux vendeurs une pension viagère ; ou lorsque la somme est remboursable dans un certain délai et passible d'intérêts, ces engagements à terme, formant une partie constitutive de la dette municipale, les communes doivent les soumettre aux mêmes approbations que les emprunts proprement dits.

C'est-à-dire soit un décret du Président de la République.

Soit une loi lorsque la ville est grevée d'un passif supérieur à un million.

(N° 4.) La rédaction primitive comprenait les *actions judiciaires* et les *transactions*.

M. Lorois a fait observer avec raison que le mot « actions judiciaires » était un peu vague. D'autant mieux que si la Commission entend que la commune ne peut *ester en justice* sans autorisation du préfet, il y a contradiction avec l'art. 123 qui porte : « *Nulle commune ne peut ester en justice sans autorisation du Conseil de préfecture.* »

Or, la différence est énorme entre le Conseil de préfecture statuant, tribunal administratif rendant ses décisions en présence d'un commissaire du Gouvernement qui est le secrétaire général de la Prefecture, et une décision du préfet, rendu en Conseil de Préfecture, qui dans ce cas, sans doute consulte le Conseil, *mais statue seul*, quel que soit l'avis du Conseil.

La Commission s'est rendue à cet avis et la Chambre a consacré la suppression de ces mots « Actions judiciaires ».

(N° 5.) Les immeubles affectés aux différents services municipaux sont régis par les mêmes règles et leurs changements d'affectation doivent être autorisés par l'autorité supérieure.

(N° 6.) En ce qui concerne « la vaine pâture », le rapporteur a expliqué pourquoi il n'avait pas compris « le droit de parcours ». Le Sénat, en effet, dans la nouvelle loi sur le Code rural, a supprimé le *parcours*, mais a maintenu *la vaine pâture* comme droit communal renfermé dans la limite des communes. Il n'y a donc plus à s'occuper que de cette dernière réglementation qui peut intéresser des tiers et même plusieurs communes. Ce paragraphe a été ainsi adopté, car il a trait à un ordre d'intérêts multiples sur lesquels il est bon que l'autorité supérieure prononce en dernier ressort.

La *vaine pâture* est le droit qui appartient aux habitants d'une seule commune d'envoyer pêle-mêle ou séparément leurs bestiaux sur les fonds les uns des autres, lorsque les fonds sont en jachères ou après qu'ils ont été dépouillés de leurs fruits.

Le *parcours* supprimé par le Sénat dans la discusssion du Code rural, était le droit qui appartenait aux habitants de deux communes, au moins, de conduire, après l'enlèvement des récoltes, leurs bestiaux sur les terrains non clos de leurs circonscriptions respectives. Ce droit n'existait qu'à la condition d'être réciproque.

(N° 7.) Le Conseil municipal sera maître désormais de l'alignement des rues ; ce principe libéral a été introduit dans la loi. Mais autre chose est de décréter dans une commune un alignement, autre chose est d'y introduire des modifications. Le Conseil municipal qui a adopté un alignement pourrait plus tard modifier arbitrairement ses premières résolutions, sans souci des droits acquis par des particuliers, en raison même de l'alignement précédemment adopté. On ne pouvait laisser les intérêts privés exposés à un tel péril. Sans doute, on pourra toujours apporter des modifications aux plans primitifs, mais il fallait une garantie contre les caprices et les fantaisies des Conseils municipaux. C'est pourquoi la Chambre a décidé qu'on devra soumettre les modifications aux plans d'alignement à l'approbation préfectorale.

(N° 8.) M. Hippolyte Morel a fait adopter son amendement qui remplace ces mots « Charges et Conditions » par ceux-ci « Charges ou Conditions ». Ainsi toute délibération portant sur une acceptation de dons ou de legs sera soumise à l'approbation préfectorale, lorsqu'il y aura soit des charges, soit des conditions. La première rédaction faisait naître une difficulté qui s'est présentée bien des fois au Conseil d'État : fallait-il que les deux conditions fussent réunies ? La Chambre s'est prononcée pour la négative.

(N° 12.) Sous le n° 12 le Sénat avait classé toutes les délibérations relatives aux octrois qui devenaient exécutoires qu'après avoir été approuvées par l'autorité supérieure.

C'était la conséquence des dispositions votées par lui sur les art. 137, 138 et 139, de la présente loi.

Mais la Chambre des députés avait voté que les délibérations visées par l'art. 139 seraient exécutoires par elles-mêmes.

Le Sénat, à qui le projet fut de nouveau renvoyé, a décidé de laisser soumises à la nécessité de l'approbation les délibérations prises par les Conseils municipaux concernant la suppression ou la diminution des taxes d'octroi.

Quant à celles concernant : « 1° la prorogation des taxes d'octroi pour une période de cinq ans au plus ; 2° l'augmentation des taxes pour une période de cinq ans au plus ; le Sénat a reconnu qu'on devait leur attribuer le caractère exécutoire.

Ainsi le n° 12 de l'art. 68 a été rédigé par une simple référence aux dispositions de la présente loi qui régissent la matière.

(N° 13.) Sous le n° 13 la Chambre des députés avait introduit un texte ainsi conçu : « les délibérations prises par les Commissions intercommunales conformément aux dispositions des art. 161 et suivants ».

Mais le Sénat a rejeté cette innovation proposée par la Chambre, trouvant suffisante la satisfaction donnée aux besoins et intérêts des communes par les art. 116, 117, 118, 161, 162, 163 du texte de la loi.

Disposition complémentaire. — L'art. 68 se termine par une disposition suspendant pendant un mois à partir du dépôt à la préfecture ou à la sous-préfecture, l'exécution des délibérations dispensées de l'approbation de l'autorité supérieure.

Il a paru au Sénat qu'il y avait un grave et réel inconvénient à permettre l'exécution immédiate de délibérations, dont, aux termes des art. 63 et suivants, la nullité ou l'annulation pourrait être prononcée ultérieurement soit d'office, soit à la requête de toute partie intéressée et de tout contribuable.

La Chambre des députés avait émis un avis contraire.

La raison donnée de cette suppression est fournie par le rapport de *M. Dreyfus* : « Cette disposition modifierait l'esprit de la loi en soumettant les délibér·tions exécutoires de plein droit à un veto suspensif pendant un mois. »

Où voit-on cette modification de l'esprit de la loi? a fait observer M. Demole, rapporteur de la Commission du Sénat.

Est-ce que la disposition dont il s'agit donne aux préfets un droit d'ingérence dans des questions que nous entendons laisser à la libre et souveraine appréciation des communes?

En aucune manière. Notre disposition n'a qu'un but et ne peut avoir qu'un résultat : donner à l'autorité supérieure la *possibilité* de prévenir l'exécution d'une mesure prise en violation de la loi.

Quoi de plus simple et de plus rationnel?

Et quand nous aurons ajouté qu'en prévision de l'urgence nous donnons au préfet le droit d'abréger le délai d'exécution, nous aurons établi, ce nous semble, la prudence et la nécessité de la disposition supprimée par la Chambre.

La disposition complémentaire a été maintenue conformément aux conclusions du rapporteur de la Commission du Sénat.

Art. 69

(Approbation des délibérations municipales — Pourvoi)

« Les délibérations des Conseils municipaux sur les objets énoncés à l'article précédent sont exécutoires, sur l'approbation du Préfet, sauf les cas où l'approbation par le Ministre compétent, par le Conseil général, par la commission départementale, par un décret ou par une loi est prescrite par les lois et règlements.

« Le Préfet statue en Conseil de Préfecture dans les cas prévus aux nº 1, 2, 4 et 6 de l'article précédent.

« Lorsque le Préfet refuse son approbation, ou qu'il n'a pas fait connaître sa décision dans un délai d'un mois à partir de la date du récépissé, le Conseil municipal peut se pourvoir devant le Ministre de l'Intérieur. »

Art. 70

(Consultations obligatoires des Conseils — Budgets des fabriques)

« Le Conseil municipal est toujours appelé à donner son avis sur les objets suivants :

« 1° Les circonscriptions relatives aux cultes ;

« 2° Les circonscriptions relatives à la distribution des secours publics ;

« 3° Les projets d'alignement de grande voirie dans l'intérieur des villes, bourgs et villages ;

« 4° La création des bureaux de bienfaisance ;

« 5° Les budgets et les comptes des hospices, hôpitaux et autres établissements de charité et de bienfaisance, des fabriques et autres administrations préposées aux cultes dont les ministres sont salariés par l'État ; les autorisations d'acquérir, d'aliéner, d'emprunter, d'échanger, de plaider ou de transiger, demandées par les mêmes établissements ; l'acceptation des dons et legs qui leur sont faits ;

« 6° Enfin tous les objets sur lesquels les Conseils municipaux sont appelés par les lois et règlements à donner leur avis, et ceux sur lesquels ils seront consultés par le Préfet.

« Lorsque le Conseil municipal, à ce régulièrement requis et convoqué, refuse ou néglige de donner son avis, il peut être passé outre. »

M. Freppel a demandé le maintien à l'article 70, d'une disposition de la loi de 1837, aux termes de laquelle les budgets des Conseils de fabrique n'étaient soumis à l'examen des Conseils municipaux que dans le cas où des subventions étaient payées aux fabriques par les caisses municipales.

Cette disposition a été rejetée.

Il faut, au contraire, que les assemblées municipales soient au courant des budgets des fabriques, qu'elles aient une connaissance précise, claire, catégorique des ressources et de l'emploi des ressources de ces établissements.

On sait très bien partout, dans toutes les communes rurales, que ces budgets sont établis de manière à soustraire leur réalité à l'examen des Conseils municipaux, et qu'ils comprennent trop souvent des dépenses qui, si elles étaient mieux connues, ne recevraient pas l'approbation de la commune et feraient rejeter toutes les demandes de subvention qui sont formulées auprès des Conseils municipaux.

ART. 71

(Comptes d'administration du maire)

« Le Conseil municipal délibère sur les comptes d'administration qui lui sont annuellement présentés par le maire, conformément à l'article 151 de la présente loi.

« Il entend, débat et arrête les comptes de deniers des receveurs, sauf règlement définitif, conformément à l'article 157 de la présente loi. »

Les receveurs municipaux sont assujettis, pour l'exécution de ces règlements, à la *surveillance* des receveurs des finances;

Dans les communes où le percepteur est en même temps receveur municipal, sa gestion est placée sous la *responsabilité* du receveur des finances.

ART. 72

(Interdiction des vœux politiques)

« Il est interdit à tout Conseil municipal soit de publier des proclamations et adresses, soit d'émettre des vœux politiques, soit, hors les cas prévus par la loi, de se mettre en communication avec un ou plusieurs Conseils municipaux.

« La nullité des actes et des délibérations prises en violation de cet article est prononcée dans les formes indiquées aux articles 63 et 65 de la présente loi. »

Notre article se contente de prononcer la *nullité* des délibérations prises contrairement à ses prescriptions.

Sous le dernier empire, aux termes de l'article 26 de la loi du 5 mai 1855, tout Conseil municipal qui aurait publié des proclamations ou adresses était *immédiatement suspendu.*

On voit la différence entre l'un et l'autre régime.

TITRE TROISIÈME

DES MAIRES ET ADJOINTS

CHAPITRE Ier

FONCTIONS DES MAIRES ET ADJOINTS

ART. 73

(Maire et adjoints)

« Il y a dans chaque commune un maire et un ou plusieurs adjoints élus parmi les membres du Conseil municipal.

« Le nombre des adjoints est de un dans les communes de 2,500 habitants et au-dessous, de deux dans celles de 2,501 à 10,000. Dans les communes d'une population supérieure, il y aura un adjoint de plus par chaque excédent de 25,000 habitants, sans que le nombre des adjoints puisse dépasser douze, sauf en ce qui concerne la ville de Lyon, où le nombre des adjoints sera porté à 17.

« La ville de Lyon continue à être divisée en six arrondissements municipaux. Le Maire délègue spécialement deux de ses adjoints dans chacun de ces arrondissements. Ils sont chargés de la tenue des registres de l'état civil et des autres attributions déterminées par le règlement d'administration publique du 11 juin 1881, rendu en exécution de la loi du 21 avril 1881. »

Le paragraphe 1er de l'article 73 avait été primitivement ainsi rédigé: « Il y a un maire et des adjoints choisis parmi les membres du Conseil municipal, *ayant leur domicile politique dans la commune*. »

Cette rédaction apportait une modification à l'ancienne loi, d'après laquelle le maire pouvait être choisi parmi les membres du Conseil municipal, que ceux-ci aient ou non leur domicile dans la commune. En effet, un quart du Conseil peut être composé de forains, c'est-à-dire de membres qui n'ont pas leur domicile dans la commune et n'y sont pas électeurs, mais qui sont inscrits au rôle d'une des quatre contributions directes.

Il semblait que la Commission voulût rendre inéligibles les membres de cette catégorie.

C'est en présence des inconvénients de cette disposition que les Chambres ont modifié la rédaction du texte primitif, et ont consacré le maintien pur et simple de l'ancien état de choses. Les forains pourront donc être élus aux fonctions de maire et d'adjoints.

Sur le paragraphe 2, *M. le Guay*, commissaire du gouvernement, a fait ressortir les inconvénients qu'il pourrait y avoir à rendre obligatoire la nomination d'un adjoint par chaque excédent de 25,000 habitants.

Il a représenté qu'il serait convenable de laisser le gouvernement libre de se rendre compte des nécessités administratives des communes et il a demandé de substituer aux mots *il y aura un adjoint par chaque excédent de 25,000 habitants*, ces autres mots *il pourra y avoir un adjoint.* C'est la pratique constante du ministère de l'intérieur, laquelle n'a, jusqu'à ce jour, présenté aucune difficulté.

La Commission s'est rendue à ces observations, et la Chambre a ratifié par son vote la rédaction proposée par M. Le Guay.

Mais le Sénat a repris la rédaction première de la commission de la Chambre des députés et a voté l'obligation pour les conseils municipaux, de nommer un adjoint par excédent de 25,000 habitants, avec cette restriction toutefois, que le nombre des adjoints ne pourra être supérieur à douze, sauf en ce qui concerne la ville de Lyon où il est porté à dix-sept.

Art. 74

(Gratuité des fonctions)

« Les fonctions de maire, adjoints, conseillers municipaux, sont gratuites. Elles donnent seulement droit au remboursement des frais que nécessite l'exécution des mandats spéciaux. Les Conseils municipaux peuvent voter, sur les ressources ordinaires de la commune, des indemnités aux maires pour frais de représentation. »

Il y a une différence entre ces deux natures de dépenses. Les fonctions de maire, d'adjoints, de conseillers municipaux donnent droit au remboursement des frais que nécessite l'exécution des mandats spéciaux. Il y a évidemment là le principe d'une créance au profit de celui qui a fait l'avance de ces frais :

Pour les frais de représentation il n'y a pas de droit, c'est une faculté pure et simple à exercer par les Conseils municipaux qui apprécient, d'après la nature des fonctions qui sont confiées aux maires. et d'après les ressources financières des Communes, s'il y a lieu de leur accorder une indemnité pour frais de représentation. Dans aucun cas une commune ne pourrait voter une imposition pour faire face à ces frais.

Art. 75

(Adjoints spéciaux)

« Lorsqu'un obstacle quelconque ou l'éloignement rendent difficiles, dangereuses ou momentanément impossibles les communications entre le chef-lieu et une fraction de commune, un poste d'adjoint spécial peut être institué, sur la demande du Conseil municipal, par un décret rendu en Conseil d'État.

« Cet adjoint, élu par le Conseil, est pris parmi les Conseillers, et, à défaut d'un Conseiller résidant dans cette fraction de la commune ou, s'il est empêché, parmi les habitants de la fraction. Il remplit les fonctions d'officier de l'état civil, et il peut être chargé de l'exécution des lois et des règlements de police dans cette partie de la commune. Il n'a pas d'autres attributions. »

C'est sur les observations de M. *le Guay* que la commission a changé entre les deux lectures la rédaction de cet article. Tout d'abord elle avait réclamé pour le Conseil municipal le droit d'ordonner l'institution d'un adjoint spécial. Cette innovation, a dit le commissaire du gouvernement, est très dangereuse. Au point de vue de la tenue des actes de l'Etat civil, il en résulterait de très graves inconvénients. On ne peut, d'autre part, laisser à l'arbitraire des Conseils municipaux la création de sections qui pourront être supprimées demain et rétablies plus tard sans l'avis du gouvernement. Sous le régime actuel il ne peut être créé de divisions spéciales dans les communes qu'en vertu d'un décret conformément aux dispositions de la loi du 12 floréal, an X.

En deuxième lecture la Chambre s'est rendue à ces raisons et a décidé que l'institution d'un adjoint spécial ne pourrait avoir lieu que par décret rendu en Conseil d'Etat.

Il est à noter que cet adjoint peut être élu en dehors des conseillers municipaux, parmi les habitants éligibles de la fraction de la commune.

Art. 76

(Élection du maire et de l'adjoint)

« Le Conseil municipal élit le maire et les adjoints parmi ses membres au scrutin secret et à la majorité absolue.

« Si, après deux tours de scrutin, aucun candidat n'a obtenu la majorité absolue, il est procédé à un troisième tour de scrutin et l'élection a lieu à la majorité relative. En cas d'égalité de suffrages, le plus âgé est déclaré élu. »

Cet article n'est que la reproduction de la loi de 1876 et aussi de la loi de 1882.

Les municipalités de toutes les communes de France seront élues par les Conseils municipaux.

Pouvait-on, comme le demandait M. Fourcand, laisser au maire le soin de choisir lui-même ses adjoints ?

Le maire et les adjoints procèdent de la même majorité, c'est la majorité du Conseil qui élit à la fois le maire et les adjoints, et il y a lieu de penser qu'elle choisit les hommes qu'elle préfère. De plus, les adjoints sont les auxiliaires du maire, il est nécessaire qu'ils sortent de la même origine.

La municipalité tout entière sort de la majorité du Conseil ; elle est élue dans des conditions harmoniques qui font qu'elle sera homogène, animée du même esprit et appropriée à la bonne administration de la Commune.

Art. 77

« La séance dans laquelle il est procédé à l'élection du maire est présidée par le plus âgé des membres du Conseil municipal.

« Pour toute élection du maire ou des adjoints, les membres du Conseil municipal sont convoqués dans les formes et délais prévus par l'article 48 ; la convocation contiendra la mention spéciale de l'élection à laquelle il devra être procédé.

« Avant cette convocation, il sera procédé aux élections qui pourraient être nécessaires pour compléter le Conseil, municipal. Si, après les élections complémentaires, de nouvelles vacances se produisent, le Conseil municipal procédera néanmoins à l'élection du maire et des adjoints, à moins qu'il ne soit réduit aux trois quarts de ses membres. En ce cas, il y aura lieu de recourir à de nouvelles élections complémentaires. Il y sera procédé dans le délai d'un mois, à dater de la dernière vacance. »

Avant de procéder à la convocation des conseillers municipaux pour l'élection d'un maire, il devra être pourvu aux vacances existant dans le corps municipal.

Mais il pouvait arriver que, une fois le Conseil complété, dans un intérêt politique quelconque, d'autres membres de l'assemblée municipale donnassent leur démission, voulant empêcher les convocations d'avoir leur effet, et mettre obstacle à l'élection du maire au jour fixé.

Le paragraphe 3 de l'art. 77 prévoit le cas.

Dans une semblable occurrence, le gouvernement, ayant fait pourvoir, avant la convocation, aux vacances qui s'étaient produites, n'aura plus à faire procéder à de nouvelles élections complémentaires à moins que le Conseil municipal ne soit réduit aux trois quarts de ses membres. Le maire sera valablement élu par la majorité des membres du Conseil restant en exercice.

Lorsque le maire a été élu, c'est lui qui remplace à la présidence le doyen d'âge et qui fait procéder à l'élection des adjoints.

Art. 78

(Publicité)

« Les nominations sont rendues publiques dans les vingt-quatre heures de leur date, par voie d'affiche à la porte de la mairie. Elles sont, dans le même délai, notifiées au Sous-Préfet. »

Art. 79

(Nullité de l'élection)

« L'élection du maire et des adjoints peut être arguée de nullité dans les conditions, formes et délais prescrits pour les réclamations contre les élections du Conseil municipal. Le délai de cinq jours court à partir de vingt-quatre heures après l'élection.

« Lorsque l'élection est annulée ou que, pour toute autre cause, le maire ou les adjoints ont cessé leurs fonctions, le Conseil, s'il est au complet, est convoqué pour procéder au remplacement dans le délai de quinzaine.

« S'il y a lieu de compléter le Conseil, il sera procédé aux élections complémentaires dans la quinzaine de la vacance, et le nouveau maire sera élu dans la quinzaine qui suivra. Si, après les élections complémentaires, de nouvelles vacances se produisent, l'article 77 sera applicable. »

Le délai prescrit pour les réclamations contre les élections du Conseil municipal sont de cinq jours. Il est le même pour les réclamations contre l'élection du maire. La difficulté était de savoir quel serait le point de départ du délai. L'élection du maire doit être notifiée aux habitants de la commune par une affiche dans les vingt-quatre heures. Le délai pourra donc courir utilement à partir des vingt-quatre heures qui ont suivi l'élection.

Le pourvoi, devant le Conseil d'Etat, contre la décision du Conseil de Préfecture se fait dans les mêmes formes et d'après les mêmes règles que celui formé contre les élections au Conseil municipal.

Art. 80

(Incompatibilités)

« Ne peuvent être maires ou adjoints, ni en exercer même temporairement les fonctions :

« Les agents et employés des administrations financières, les trésoriers-payeurs-généraux, les receveurs particuliers et les percepteurs, les agents des forêts, ceux des postes et des télégraphes, ainsi que les gardes des établissements publics et des particuliers.

« Les agents salariés du maire ne peuvent être adjoints. »

Cette rédaction comprend toutes les catégories de personnes non éligibles aux fonctions de maire et d'adjoints. Cette énumération se rapporte aux dispositions anciennes des lois de 1837 et 1855. Elle reconnaît l'éligibilité à un grand nombre de personnes qui, quoique étant fonctionnaires ou rétribués, peuvent être maires ou adjoints, par exemple les professeurs de droit, de lettres, de sciences, etc

La Chambre a supprimé, dans le cours de la discussion, une disposition qui permettait aux titulaires et gérants des bureaux de tabac d'être élus maires ou adjoints. Or ces agents appartiennent à des administrations financières et, comme l'a fait justement observer *M. Lorois*, un titulaire d'un bureau de tabac qui peut être révoqué *ad nutum*, ne serait jamais un maire indépendant.

Les agents salariés du maire ne peuvent être adjoints. La Chambre a pensé que le maire ne pouvait avoir pour adjoints des hommes qui seraient en quelque sorte attachés à sa personne, qui dépendraient entièrement de lui, de sa volonté, et qui ne pourraient pas constituer des administrateurs chargés d'aider l'administration du maire dans des conditions de parfaite indépendance.

Quant à déterminer quels sont les agents salariés du maire, tout le monde comprend cette expression, et s'il s'élevait quelques difficultés à cet égard, elles seraient tranchées par la jurisprudence du Conseil d'Etat.

Enfin le délégué désigné par le Préfet pour remplir temporairement les fonctions de maire ne pourra être choisi que parmi les éligibles.

ART. 81

(Durée des fonctions)

« Les maires et les adjoints sont nommés pour la même durée que le Conseil municipal.

« Ils continuent l'exercice de leurs fonctions sauf les dispositions des articles 80, 86 et 87 de la présente loi, jusqu'à l'installation de leurs successeurs.

« Toutefois, en cas de renouvellement intégral, les fonctions de maire et d'adjoints sont, à partir de l'installation du nouveau Conseil jusqu'à l'élection du maire, exercées par les Conseillers municipaux dans l'ordre du tableau. »

Le paragraphe 3 ajouté par le Sénat au texte de la loi votée par la Chambre des députés constitue une innovation importante aux règles de l'ancienne loi.

Le maire et les adjoints conservaient leurs fonctions jusqu'à la nomination de leurs successeurs. Désormais, ils devront céder leurs pouvoirs, à partir de l'installation du nouveau Conseil, aux conseillers municipaux dans l'ordre du tableau.

ART. 82

(Délégations de fonctions)

« Le maire est seul chargé de l'administration ; mais il peut, sous sa surveillance et sa responsabilité, déléguer par arrêté une partie de ses fonctions à un ou plusieurs de ses adjoints, et, en l'absence ou en cas d'empêchement des adjoints, à des membres du Conseil municipal.

« Ces délégations subsistent, tant qu'elles ne sont pas rapportées. »

La Chambre avait adopté le principe de la délégation purement verbale. Le maire pouvait déléguer une partie de ses fonctions sans qu'il y eût nécessité pour lui de prendre un arrêté.

Le Sénat, en rendant l'arrêté obligatoire, a eu pour but de régler, d'une façon sûre et précise, les rapports des dépositaires de l'autorité municipale, soit entre eux, soit vis-à-vis du public.

Cette disposition établit d'une manière absolue le principe de « *la surveillance* et *de la responsabilité du Maire.* »

L'administration appartient au maire seul. C'est à lui qu'incombent la protection des intérêts communaux et la bonne gestion des deniers de la Commune. Si la tâche lui semble trop lourde, il pourra déléguer à ses adjoints, ou, à leur défaut, à des membres du Conseil municipal, une partie de ses fonctions. Mais cette délégation, sous peine de nullité, devra être constatée par un *arrêté* inscrit sur le registre.

C'est là une innovation à l'article 14 de la loi du 18 juillet 1837 qui autorisait les maires à se faire remplacer dans une partie de leurs fonctions par délégation purement verbale, comme l'avait décidé, d'ailleurs, en 1882, la Cour de cassation dans un arrêt sur les mariages de Montrouge. La Cour a validé ces mariages contractés par devant un Conseiller municipal, le dernier inscrit au tableau, et qui n'était point pourvu d'une délégation écrite du maire l'autorisant à exercer les fonctions d'officier de l'état civil.

Il pouvait y avoir là une cause d'abus que la nouvelle loi a supprimée.

Art. 83

(Opposition d'intérêts avec ceux de la commune)

« Dans le cas où les intérêts du maire se trouvent en opposition avec ceux de la commune, le Conseil municipal désigne un autre de ses membres pour représenter la commune soit en justice, soit dans les contrats. »

L'élection de ce mandataire chargé de la défense des intérêts de la commune devra avoir lieu au scrutin secret. Les pouvoirs de ce délégué cesseront avec l'expiration des pouvoirs du Conseil municipal qui l'a nommé, et dans tous les cas après la solution du litige.

Art. 84

(Remplacement du maire)

« En cas d'absence, de suspension, de révocation ou de tout

autre empêchement, le maire est provisoirement remplacé, dans la plénitude de ses fonctions, par un adjoint, dans l'ordre des nominations, et, à défaut d'adjoints, par un Conseiller municipal désigné par le Conseil, sinon pris dans l'ordre du tableau. »

Dans l'exercice de ses fonctions, le maire ne peut déléguer qu'une partie de ses attributions à ses adjoints ou, à leur défaut, à des membres du Conseil municipal.

Dans l'espèce de l'art. 84, le maire est remplacé dans la plénitude de ses fonctions.

Le Conseil municipal, à défaut d'adjoints, sera toujours convoqué pour élire le Conseiller municipal qui sera chargé de l'administration de la commune. Ce n'est que sur son refus de désignation que le Conseiller sera pris dans l'ordre du tableau.

ART. 85

(Délégué spécial)

« Dans le cas où le maire refuserait ou négligerait de faire un des actes qui lui sont prescrits par la loi, le Préfet peut, après l'en avoir requis, y procéder d'office par lui-même ou par un délégué spécial. »

Les pouvoirs de ce délégué spécial seront circonscrits aux actes pour l'exécution desquels il a été délégué d'office par l'administration supérieure. Sa mission prendra fin avec l'accomplissement des ordres que le maire s'était refusé d'exécuter. Le maire conservera, toutefois, l'administration de la commune en tout ce qui reste étranger au mandat spécial du délégué.

ART. 86

(Suspension et révocation)

« Les maires et adjoints peuvent être suspendus par arrêté du Préfet pour un temps qui n'excédera pas un mois et qui peut être porté à trois mois par le Ministre de l'Intérieur.

« Ils ne peuvent être révoqués que par décret du Président de la République.

« La révocation emporte de plein droit l'inéligibilité aux fonctions de maire et à celles d'adjoint pendant une année, à dater du décret de révocation, à moins qu'il ne soit procédé auparavant au renouvellement général des Conseils municipaux.

« Dans les colonies régies par la présente loi, la suspension peut être prononcée par arrêté du gouverneur pour une durée de trois mois; cette durée ne peut être prolongée par le Ministre.

« Le gouverneur rend compte immédiatement de sa décision au Ministre de la marine et des colonies. »

Si un Préfet frappe un maire d'une suspension d'un mois, et que le Ministre porte cette suspension à trois mois, ces trois mois ne sauraient s'ajouter au mois de suspension déjà prononcé par le Préfet.

M. *Dureau de Vaulcomte*, qui est intervenu dans le débat, a demandé pour les Colonies l'application de cette disposition.

La Chambre s'est rangée à son avis.

Une durée de trois mois reste ainsi le maximum admis pour la suspension prononcée par le Ministre en France et le Gouverneur dans les colonies.

En cas de révocation, le maire ou les adjoints ne peuvent être réélus pendant une année, à partir de la date du décret du Président de la République.

A cette règle il y a deux exceptions :

En premier lieu, si le renouvellement intégral des Conseils municipaux avait lieu dans le courant de l'année qui a suivi la date du décret de révocation, le maire ou les adjoints révoqués, s'ils sont élus conseillers municipaux, pourront être élevés aux fonctions qu'ils remplissaient avant leur révocation.

En second lieu : le maire vient d'être révoqué; les membres du Conseil municipal, embrassant la cause du maire, prennent la résolution de donner tous leur démission; le Conseil municipal est réélu en entier; alors le maire qui vient d'être frappé pourra être réélu maire par le nouveau Conseil.

Il y a évidemment conflit entre l'administration et la commune, entre l'autorité et la population. Dans ces circonstances rares et regrettables, c'est à la population que la loi donne satisfaction, comme étant la meilleure solution à appliquer pour terminer des dissentiments locaux si fâcheux.

Art. 87

« Au cas prévu et réglé par l'article 44, le Président et, à son défaut, le Vice-Président de la délégation spéciale, remplit les fonctions de maire.

« Ses pouvoirs prennent fin dès l'installation du nouveau Conseil. »

Art. 88

(Nomination des employés)

« Le maire nomme à tous les emplois communaux pour lesquels les lois, décrets et ordonnances actuellement en vigueur ne fixent pas un mode spécial de nomination.

« Il suspend et révoque les titulaires de ces emplois.

« Il peut faire assermenter et commissionner les agents nommés par lui, mais à condition qu'ils soient agréés par le Préfet ou le Sous-Préfet. »

Sur les observations de M. *Labuze*, sous-secrétaire d'État aux finances, les mots : *Décrets* et *Ordonnances* ont été ajoutés dans le texte du paragraphe 1er.

M. *Labuze* a fait observer qu'il existait des Décrets et ordonnances en vertu desquels sont nommés certains agents municipaux, tels que les préposés d'octroi et les préposés en chef des octrois. Or c'est en vertu d'un Décret de 1852, que le Préfet nomme les préposés en chef des octrois; et c'est un Décret de 1861 qui confère au Sous-Préfet la nomination des préposés d'octroi ordinaires.

Art. 89

(Adjudications publiques)

« Lorsque le maire procède à une adjudication publique pour le compte de la commune, il est assisté de deux membres du Conseil municipal désignés d'avance par le Conseil, ou, à défaut de cette désignation, appelés dans l'ordre du tableau.

« Le receveur municipal est appelé à toutes les adjudications. Toutes les difficultés qui peuvent s'élever sur les opérations préparatoires de l'adjudication sont résolues, séance tenante, par le maire et les deux assistants, à la majorité des voix, sauf le recours de droit.

« Il n'est pas dérogé aux prescriptions du décret du 17 mai 1809 relatives à la mise en ferme des octrois. »

Toute adjudication est annoncée un mois à l'avance par voie d'affiches faisant connaître :

1° Les objets à vendre et la mise à prix, ou la nature des travaux à exécuter ;

2° Le lieu où on pourra prendre connaissance du cahier des charges, les autorités chargées de procéder à l'adjudication, le lieu, le jour et l'heure fixés pour l'adjudication.

Les adjudications se font tantôt aux enchères pour la vente des immeubles, des coupes de bois, pour la location des propriétés communales ; tantôt au rabais pour les fournitures, les travaux publics.

L'autorité peut écarter de l'adjudication les personnes qui ne présentent pas de garanties suffisantes de solvabilité et même de capacité, pour le cas où il y a des travaux à exécuter.

Le Président de l'adjudication aux enchères fixe à l'ouverture de la séance le nombre de feux (ordinairement trois) nécessaires à l'adjudication, leur durée et la quotité minima de chaque enchère.

L'adjudication au rabais se fait au moyen de soumissions cachetées, remises en séance publique. L'entrepreneur dont la soumission présente le rabais le plus considérable est déclaré adjudicataire.

Dans le cas où plusieurs soumissionnaires offrent le même prix et où ce prix est le plus bas de ceux portés dans les soumissions, il est procédé, séance tenante, à une réadjudication, soit par de nouvelles soumissions, soit à l'extinction des feux, mais entre ces soumissionnaires seulement.

Les résultats de chaque adjudication sont constatés par un procès-verbal relatant toutes les circonstances de l'opération.

Les adjudicataires doivent fournir un cautionnement dont l'importance est déterminée par le cahier des charges.

Dans certains cas l'approbation de l'autorité supérieure est nécessaire pour que l'adjudication devienne définitive. Le maire doit faire connaître dans les affiches si cette approbation est nécessaire.

La circulaire du Ministre de l'intérieur et l'instruction générale du Ministre des finances, du 20 juin 1859, art. 1026, stipulent que les immeubles affectés au cautionnement seront libres de tous privilèges et hypothèques. Une constitution d'hypothèque ne peut être acceptée d'un adjudicataire qu'autant qu'elle serait accompagnée d'une subrogation de la commune dans l'hypothèque légale de la femme et que, de plus, il n'existerait, sur le registre du Conservateur des hypothèques, aucune inscription d'une subrogation ou cession antérieure.

CHAPITRE II

ATTRIBUTIONS EXERCÉES PAR LE MAIRE COMME PRÉPOSÉ A LA GESTION DES INTÉRÊTS COMMUNAUX

Art. 90

« Le maire est chargé, sous le contrôle du Conseil municipal et la surveillance de l'administration supérieure :

« 1° De conserver et d'administrer les propriétés de la commune et de faire, en conséquence, tous les actes conservatoires de ses droits ;

« 2° De gérer les revenus, de surveiller les établissements communaux et la comptabilité communale ;

« 3° De préparer et proposer le budget et d'ordonnancer les dépenses ;

« 4° De diriger les travaux communaux ;

« 5° De pourvoir aux mesures relatives à la voirie municipale ;

« 6° De souscrire les marchés, de passer les baux des biens et les adjudications des travaux communaux dans les formes établies par les lois et règlements et par les articles 68 et 69 de la présente loi ;

« 7° De passer dans les mêmes formes les actes de vente, échange, partage, acceptation de dons ou legs, acquisitions, transactions, lorsque ces actes ont été autorisés conformément à la présente loi ;

« 8° De représenter la commune en justice, soit en demandant, soit en défendant ;

« 9° De prendre de concert avec les propriétaires ou les détenteurs du droit de chasse dans les buissons, bois et forêts, toutes les mesures nécessaires à la destruction des animaux nuisibles désignés dans l'arrêté du Préfet, pris en vertu de l'article 9 de la loi du 3 mai 1844 ;

« De faire, pendant le temps de neige, à défaut de détenteurs du droit de chasse, à ce dûment invités, détourner les loups et sangliers remis sur le territoire ; de requérir, à l'effet de les détruire, les habitants avec armes et chiens propres à la chasse de ces animaux ;

« De surveiller et d'assurer l'exécution des mesures ci-dessus et d'en dresser procès-verbal ;

« 10° Et, d'une manière générale, d'exécuter les décisions du Conseil municipal. »

Le maire, considéré comme représentant la personnalité civile de la commune, accomplit tous les actes de gestion et de conservation qui touchent aux intérêts privés de l'association ; il est le mandataire de la commune considérée comme propriétaire, créancière ou débitrice. Il doit administrer en bon père de famille sous l'autorité du Conseil municipal et la surveillance de l'administration supérieure.

C'est à lui qu'il appartient d'exercer, au nom et dans l'intérêt de la commune, les actions en restitution des biens communaux usurpés. Ce pouvoir ne peut être exercé par le Préfet, ce qui constituerait une atteinte portée aux libertés communales. Le maire est le tuteur naturel des biens de la commune. C'est à lui qu'appartient le droit et le devoir de revendiquer les usurpations qui sont commises sur les biens communaux.

Mais à défaut des maires, tout contribuable de la commune inscrit au rôle des contributions directes a le droit de faire valoir les droits et actions qui appartiennent à la commune, contre les usurpateurs.

En résumé, le droit de tutelle appartient au maire seul et ne saurait être délégué au Préfet.

Art. 91

(Police municipale — Police rurale)

« Le maire est chargé, sous la surveillance de l'administration supérieure, de la police municipale, de la police rurale et de l'exécution des actes de l'autorité supérieure qui y sont relatifs. »

Comme *chef de l'association municipale*, le maire exerce ses attributions sous la surveillance de l'administration supérieure, et non sous son autorité. Seul il a le droit d'agir, il administre *jure proprio*, par son droit propre. Ses actes sont soumis au contrôle de l'administration supérieure qui n'a que le droit de les annuler, sans pouvoir ni les modifier, ni les accomplir à sa place, parce qu'ils ont leur source dans l'autorité municipale et non dans une délégation du pouvoir exécutif.

CHAPITRE III

ATTRIBUTIONS EXERCÉES PAR LE MAIRE COMME AGENT DU POUVOIR CENTRAL

ART. 92

« Le Maire est chargé, sous l'autorité de l'administration supérieure :

« 1° De la publication et de l'exécution des lois et règlements;

« 2° De l'exécution des mesures de sûreté générale;

« 3° Des fonctions spéciales qui lui sont attribuées par les lois. »

Comme *agent et représentant de l'autorité centrale*, le maire est complètement subordonné à cette autorité; il en reçoit des ordres et doit les exécuter.

Les attributions spéciales auxquelles se réfère le paragraphe 3 de cet article sont très variées; elles touchent à la matière des impôts, aux intérêts de l'ordre public, à l'exercice du culte, à l'organisation et à la réquisition de la force publique.

Comme délégué direct des lois, il est officier de l'état-civil, officier de police judiciaire, dans certains cas, il remplit les fonctions de Ministère public, près les tribunaux de paix.

Enfin, si le maire refusait ou négligeait de faire un des actes qui lui sont prescrits par la loi, le Préfet, après l'avoir mis en demeure, pourrait y procéder d'office par lui-même ou par un délégué spécial. (Art. 85.)

Une remarquable discussion s'est engagée au Sénat entre *MM. Lenoël* et *Leguay*, commissaire du gouvernement.

M. *Lenoël* avait demandé qu'un certain nombre d'articles de ce chapitre 3 fût reporté au chapitre 2.

M. Lenoël pensait que les attributions dont il est question dans les articles 94, 95, 96 et 97 sont exercées par les maires, non pas comme agents du pouvoir central, mais comme préposés à la gestion des intérêts communaux. Cette théorie, combattue par le commissaire du gouvernement, fut rejetée par le Sénat.

Art. 93

(Inhumations)

« Le Maire, ou à son défaut, le Sous-Préfet, pourvoit d'urgence à ce que toute personne décédée soit ensevelie et inhumée décemment, sans distinction de culte ni de croyance. »

M. Lorois a proposé, au cours de la discussion, qu'on intercalât dans le texte de l'article 93 cette disposition : « *Lorsque la famille d'une personne décédée refuse de pourvoir à ses funérailles, ou si elle est inconnue.* »

Il est bien évident, répondit M. *de Marcère*, que la Commission ne peut avoir eu la pensée que le maire interviendrait dans les funérailles d'une personne contre la volonté de la famille. Il est certain qu'il appartient à la famille de se préoccuper, dès le premier moment, des devoirs si tristes à rendre à la personne décédée.

Que prévoit le cas de notre honorable collègue ? Il prévoit le cas où la famille ne voudrait pas pourvoir aux funérailles. Mais c'est une hypothèse tellement invraisemblable, que je ne sais pas même comment elle a pu se poser. Cela ne peut guère se concevoir, mais si cela arrivait, s'il n'y a pas de famille autour du défunt, si la personne décédée dans la commune y est étrangère, le maire pourra alors pourvoir à des nécessités urgentes. La pensée de la Commission est bien claire.

D'ailleurs, s'il se produit un conflit entre la famille et l'autorité locale, et ces difficultés se sont produites quelquefois, que fait-on ? On s'adresse à l'autorité judiciaire; ce sont des magistrats qui, en des cas semblables, ont à décider ce qui doit se faire. Et quand il y a lieu d'en référer à l'autorité judiciaire, ce n'est pas le juge du lieu (juge de paix), mais la justice ordinaire qui doit en connaître.

Enfin, la Commission n'a jamais pensé qu'on pût empêcher les familles de donner aux membres qu'elles ont perdus la satisfaction que leurs croyances exigeaient. Le maire doit rester étranger à ces dispositions.

Au Sénat, M. *de Ravignan* ayant demandé si la rédaction consacre d'une manière formelle le droit pour les familles de donner librement aux funérailles le caractère confessionnel qui répond à leur foi religieuse, M. le rapporteur a répondu :

« Cela ne peut faire aucune difficulté et la rédaction ne prête de ce chef à aucune critique. Le droit des religions particulières demeure absolument intact. »

Art. 94

(Arrêtés)

« Le Maire prend des arrêtés à l'effet :

« 1° D'ordonner les mesures locales sur les objets confiés par les lois à sa vigilance et à son autorité ;

« 2° De publier de nouveau les lois et les règlements de police et de rappeler les citoyens à leur observation. »

L'attribution du maire d'ordonner des mesures locales sur les objets confiés par la loi à sa vigilance et à son autorité ne fait point obstacle à ce que l'administration supérieure statue elle-même sur les mêmes objets; ainsi des mesures peuvent être prescrites soit par un décret, soit par un arrêté préfectoral sur la police municipale, la voirie urbaine ou l'administration communale; mais ces actes doivent avoir un caractère général et s'appliquer à un certain nombre de communes. (Cass. 23 septembre 1853.)

Quand il existe soit une loi, soit un décret, soit un arrêté préfectoral sur l'un des objets confiés à l'autorité du maire, ce fonctionnaire peut seulement publier le texte de ces actes et les rappeler aux habitants; il ne peut, ni les modifier, ni dispenser personne de s'y conformer. (Cass. 23 avril 1835, 31 janvier et 28 mars 1857.)

La publication des lois et règlements faite par le maire n'a pour objet que d'avertir le public; les lois et règlements d'intérêt général ayant force exécutoire par eux-mêmes par le fait de leur notification solennelle ou promulgation.

Art. 95

(Arrêtés — Exécutions)

« Les arrêtés pris par le Maire sont immédiatement adressés au Sous-Préfet, ou dans l'arrondissement du chef-lieu du département, au Préfet.

« Le Préfet peut les annuler ou en suspendre l'exécution.

« Ceux de ces arrêtés qui portent règlement permanent ne sont exécutoires qu'un mois après le remise de l'ampliation constatée par les récépissés délivrés par le Sous-Préfet ou le Préfet.

« Néanmoins, en cas d'urgence, le Préfet peut en autoriser l'exécution immédiate. »

La loi de 1837, tout en exigeant un délai d'un mois, à partir de la remise de l'ampliation, pour qu'un arrêté permanent eût force exécutoire, n'avait pas prévu le cas d'urgence.

Le texte du paragraphe 3 de l'article 95, qui investit le Préfet du pouvoir d'autoriser l'exécution immédiate, en cas d'urgence, est conforme à l'esprit de la circulaire du 1er juillet 1840, ainsi conçue : *Comme le délai n'est point établi dans l'intérêt des tiers, le Préfet peut ne pas en user, s'il le juge à propos, et toutes les fois qu'il déclare l'intention de ne pas s'opposer à l'exécution d'un arrêté de ce genre, il n'y a pas lieu d'attendre l'expiration du mois qui suit l'envoi au Sous-Préfet.* » Mais la Cour de cassation n'avait pas admis cette interprétation de la loi de 1837. Par trois arrêts en date des 20 juillet 1838, 17 mars 1848 et 14 mars 1851, elle avait jugé que les règlements permanents ne seraient jamais exécutoires avant le délai d'un mois.

La rédaction de l'article 95 qui contient la disposition expresse que le Préfet peut, en cas d'urgence, en autoriser l'exécution immédiate, met fin à toutes difficultés.

Si le délai d'un mois ne suffit pas pour l'examen d'un arrêté, le Préfet peut en suspendre l'exécution avant l'expiration du délai.

Art. 96

(Arrêtés — Obligation)

« Les arrêtés du Maire ne sont obligatoires qu'après avoir été portés à la connaissance des intéressés, par voie de publications et d'affiches, toutes les fois qu'ils contiennent des dispositions générales, et, dans les autres cas, par voie de notification individuelle.

« La publication est constatée par une déclaration certifiée par le Maire.

« La notification est établie par le récépissé de la partie intéressée ou, à son défaut, par l'original de la notification conservé dans les archives de la mairie.

« Les arrêtés, actes de publication et de notification sont inscrits à leur date, sur le registre de la mairie. »

Les arrêtés du maire qui contiennent des dispositions générales, ainsi que ceux dont l'infraction emporte l'application d'une peine, n'ont force d'exécution que par la connaissance qui en est légalement donnée aux intéressés. Les arrêtés doivent être publiés et affichés. Ils sont, soit imprimés soit transcrits à la main.

Mais en dehors de ces arrêtés ayant un caractère général, la loi distingue les arrêtés municipaux qui statuent sur des cas spéciaux et individuels.

La loi n'ayant point fixé de délai pour l'exécution de ces derniers, il s'ensuit qu'ils sont exécutoires de plein droit, dès que le récépissé a été délivré par le Sous-Préfet. Toutefois, le Préfet conserve le droit de les suspendre et de les annuler, à quelque époque que ce soit, quand bien même il les aurait approuvés antérieurement; seulement, et ce point est fort important à noter, les faits accomplis en vertu de ces actes jusqu'au moment où ils sont réformés, l'ont été légalement, en sorte que l'annulation de l'arrêté n'entraîne pas la nullité de ce qui a été fait en conséquence.

Les particuliers qui se croient lésés par un arrêté municipal peuvent en demander l'annulation au Préfet; en cas de rejet, ils peuvent porter leurs réclamations devant le Ministre de l'intérieur.

Lorsqu'il s'agit d'un arrêté individuel et spécial, si le réclamant prétend qu'un droit, à lui appartenant, a été méconnu, *le recours au contentieux* lui est ouvert.

Art. 97

(Police municipale)

« La police municipale a pour objet d'assurer le bon ordre, la sûreté, la salubrité publiques.

« Elle comprend notamment :

« 1° Tout ce qui intéresse la sûreté et la commodité du passage dans les rues, quais, places et voies publiques, ce qui comprend le nettoiement, l'éclairage, l'enlèvement des encombrements, la démolition ou la réparation des édifices menaçant ruine, l'interdiction de rien exposer aux fenêtres ou autres parties des édifices qui puisse nuire par sa chute, ou celle de rien jeter qui puisse endommager les passants ou causer des exhalaisons nuisibles;

« 2° Le soin de réprimer les atteintes à la tranquillité publique, telles que les rixes et disputes accompagnées d'ameutement dans les rues, le tumulte excité dans les lieux d'assemblée publique, les attroupements, les bruits et rassemblements nocturnes, qui troublent le repos des habitants, et tous actes de nature à compromettre la tranquillité publique;

« 3° Le maintien du bon ordre dans les endroits où il se fait de grands rassemblements d'hommes, tels que les foires, marchés, réjouissances et cérémonies publiques, spectacles, jeux, cafés, églises et autres lieux publics;

« 4° Le mode de transport des personnes décédées, les inhumations et exhumations, le maintien du bon ordre et de la décence dans les cimetières, sans qu'il soit permis d'établir des distinctions ou des prescriptions particulières à raison des croyances ou du culte du défunt ou des circonstances qui ont accompagné sa mort;

« 5° L'inspection sur la fidélité du débit des denrées qui se vendent au poids ou à la mesure, et sur la salubrité des comestibles exposés en vente ;

« 6° Le soin de prévenir, par des précautions convenables, et celui de faire cesser, par la distribution des secours nécessaires, les accidents et les fléaux calamiteux, tels que les incendies, les inondations, les maladies épidémiques et contagieuses, les épizooties, en provoquant, s'il y a lieu, l'intervention de l'administration supérieure ;

« 7° Le soin de prendre provisoirement les mesures nécessaires contre les aliénés dont l'état pourrait compromettre la morale publique, la sécurité des personnes, ou la conservation des propriétés ;

« 8° Le soin d'obvier ou de remédier aux événements fâcheux qui pourraient être occasionnés par la divagation des animaux malfaisants ou féroces. »

Les arrêtés de police pris par le maire dans sa commune ne peuvent avoir trait qu'aux objets compris dans l'article 97, qui résume les pouvoirs de police du maire précédemment établis par les lois de 1790 et de 1791.

Ces attributions de police sont avant tout subordonnées à la loi et ne peuvent jamais entamer le domaine que celle-ci définit. Elles ne peuvent s'exercer que dans la stricte limite du maintien de la tranquillité publique et sur les points que la loi elle-même, suprême gardienne de cette tranquillité, n'a pas réglés ou sur lesquels elle n'a pas donné aux citoyens un droit déterminé par des dispositions spéciales.

Par exemple, la loi qui réglemente la vente des journaux dans les rues et les cris publics est une loi spéciale sur laquelle le maire ne saurait avoir aucune espèce d'action. Si un maire prenait un arrêté relatif à la liberté de la presse, les tribunaux ne pourraient donner force exécutoire à un arrêté pris dans ces circonstances.

Par arrêts du 18 janvier 1838 et 26 février 1854, la Cour de cassation a décidé que le juge saisi d'une poursuite en contravention à un arrêté municipal, a le droit de se refuser à l'appliquer, s'il ne le juge pas conforme aux lois qui régissent le pouvoir de l'autorité municipale.

Dans la discussion sur le paragraphe 3, M. Freppel a demandé que le mot « églises » ne fût pas juxtaposé dans le texte entre les mots « cafés et autres lieux publics », secondement que les églises ne fussent pas comprises au nombre des lieux publics où le maire est chargé de maintenir le bon ordre.

Le Rapporteur s'est refusé à changer la place que le mot « églises » occupe dans la rédaction du paragraphe 3. « Ce serait, a-t-il dit, souligner, sous le prétexte d'un mot mis à certaine place, une sorte d'injure qui n'est pas dans notre pensée. »

« Quant au second point, il porte sur ce que nous attribuons au maire un droit de police dans les églises. Notre honorable collègue demande si nous prétendons enlever au curé un droit similaire qui lui appartient d'après une loi qu'il a citée — celle du 18 germinal an X, article 9 — d'après les traditions et même des circulaires ministérielles.

« Je réponds que ce droit de réglementation sacerdotale, nous ne le nions pas, nous ne le contestons pas, *nous ne le connaissons pas*.

« Ce droit s'exerce dans une matière tout à fait spéciale qui n'est pas envisagée par la loi et ne devait pas l'être. Il s'agit de régler les affaires intérieures du culte, de prendre les dispositions pour que le culte soit célébré conformément aux vues et aux droits du curé. Ces dispositions, le curé les prend dans la plénitude de son droit de curé, et les règlements qu'il édicte sont acceptés par les fidèles ou ne le sont pas — cela ne nous regarde pas. — Que les officiers que le curé a mis dans son église, les suisses, les bedeaux, les sacristains puissent intervenir pour faire exécuter le règlement que le curé édicte, nous ne voulons pas le moins du monde empêcher cela; mais nous n'appelons pas cela de la police, ce n'est pas de la police telle que l'entend la loi.

« Qui dit police, dit commandement, force exécutoire au commandement, exécution donnée à l'ordre.

« Eh bien ! nous ne pouvons pas reconnaître au curé le droit au commandement sur les personnes qui assistent aux offices; nous ne pouvons pas lui reconnaître le droit de dresser procès-verbal, de saisir les magistrats des faits qui lui auraient paru des délits à l'égard de ses règlements. Il n'a aucun titre pour cela. Par conséquent, ce droit que vous réclamez pour le curé, je dis « *nous ne le connaissons pas* »; c'est un droit sacerdotal qui reste enfermé dans l'enceinte de l'église, qui est accepté par les fidèles qui se présentent à l'église, mais qui ne concerne pas les autorités civiles. Ce que nous réclamons pour le maire, c'est le droit de police dans les églises.

« S'il se produit un trouble dans l'église, il faut que l'autorité locale puisse intervenir avec le droit et la sanction qui appartiennent à la seule autorité légale de la commune. »

Sur le paragraphe 4, *M. Freppel* prend de nouveau la parole.

« Messieurs, il est bien entendu que le paragraphe 4 doit être interprété dans le sens de l'article 93 que nous discutions tout à l'heure, c'est-à-dire que : premièrement, le mode le plus convenable de transport des personnes décédées doit être réglé par le maire, suivant les localités, sauf approbation du préfet, comme s'exprime l'article 21 du décret du 23 prairial an XII, auquel, je l'espère, la Commission n'a voulu en rien déroger; deuxièmement, que l'attribution au maire des mesures à prendre dans les cas spécifiés au paragraphe 4, n'empêchera pas les cérémonies religieuses qui doivent accompagner l'inhumation, ni l'apposition de la croix ou tel autre emblème religieux sur le cercueil et sur la tombe du défunt; en d'autres termes, que vous n'entendez pas abroger les articles 16, 17, 18 du décret du 23 prairial an XII. » (*M. Freppel.*)

« La rédaction qui paraît défectueuse à notre honorable collègue, répond le rapporteur, remonte à près de cent ans, et elle a été interprétée par une application presque séculaire; les difficultés qu'il signale ne se sont pas produites, et il n'entre pas dans la pensée de la Commission qu'elles puissent même se produire. En tout cas, elles peuvent se résoudre par l'application des lois ordinaires.

« Il est bien certain qu'en ce qui concerne la police des cimetières les choses se passeront comme antérieurement et selon les lois qui règlent cette matière spéciale ou qui la régleront à l'avenir. De quoi s'agit-il dans notre texte? Il s'agit d'un droit de police attribué à un maire. Ce droit, le maire l'exerce et l'exercera dans l'application qu'il aura à faire des lois sur les cimetières, de celles qui existent ou qui pourraient intervenir ultérieurement. Le texte sur lequel nous discutons n'a pas d'autre sens ni d'autre but. Nous ne changeons rien à l'état de choses actuel. » (M. *de Marcère.*)

Art. 98

« Le maire a la police des routes nationales et départementales, et des voies de communication, dans l'intérieur des agglomérations, mais seulement en ce qui touche à la circulation sur lesdites voies.

« Il peut, moyennant le payement de droits fixés par un tarif dûment établi, sous les réserves imposées par l'art. 7 de la loi du 11 frimaire an VII, donner des permis de stationnement ou de dépôt temporaire sur la voie publique, sur les rivières, ports et quais fluviaux et autres lieux publics.

« Les alignements individuels, les autorisations de bâtir, les autres permissions de voirie sont délivrés par l'autorité compétente, après que le maire aura donné son avis dans le cas où il ne lui appartient pas de les délivrer lui-même.

« Les permissions de voirie à titre précaire ou essentiellement révocable sur les voies publiques qui sont placées dans les attributions du maire et ayant pour objet, notamment, l'établissement dans le sol de la voie publique des canalisations destinées au passage ou à la conduite soit de l'eau, soit du gaz, peuvent, en cas de refus du maire non justifié par l'intérêt général, être accordées par le Préfet. »

A la Chambre M. *Lorois* a présenté des observations portant sur divers points de l'article 98. Il s'est préoccupé d'abord des conflits qui pourraient s'élever entre l'autorité administrative et l'autorité municipale au sujet des arrêtés à prendre sur les voies de petite et de grande communication. Ces conflits peuvent se produire et se produisent en effet ; c'est en vue de les faire cesser qu'a été adoptée la disposition dont il s'agit au 1er paragraphe de l'article. Lorsque des difficultés s'élèveront entre l'autorité administrative et l'autorité municipale, au sujet des voies de grande et de petite communication, au maire seul appartiendra le droit de les régler dans les limites de son pouvoir, c'est-à-dire seulement en ce qui touche à la circulation sur les voies en question.

Il reste bien entendu que les grands ports qui sont situés sur des rivières, mais dans lesquels se font des armements considérables et un commerce maritime très important, tels que *Nantes*, *Rouen*, *Bordeaux*, sont des ports maritimes.

Art. 99

(Pouvoirs du maire)

« Les pouvoirs qui appartiennent au maire, en vertu de l'art. 91, ne font pas obstacle au droit du Préfet de prendre, pour toutes les communes du département ou plusieurs d'entre elles, et dans tous les cas où il n'y aurait pas été pourvu par les autorités municipales, toutes mesures relatives au maintien de la salubrité, de la sûreté et de la tranquillité publiques.

« Ce droit ne pourra être exercé par le Préfet à l'égard d'une seule commune qu'après une mise en demeure au maire restée sans résultat. »

Art. 100

(Sonneries des cloches)

« Les cloches des églises sont spécialement affectées aux cérémonies du culte.

« Néanmoins, elles peuvent être employées : dans les cas de péril commun qui exigent un prompt secours et dans les circonstances où cet emploi est prescrit par des dispositions de lois ou règlements, ou autorisé par les usages locaux.

« Les sonneries religieuses, comme les sonneries civiles, feront l'objet d'un règlement concerté entre l'évêque et le Préfet, ou entre le Préfet et les consistoires, et arrêté, en cas de désaccord, par le Ministre des cultes. »

Sous l'ancienne législation, le règlement, qui sera dorénavant concerté entre l'évêque et le préfet, pour les sonneries des cloches, n'existait pas. Cette innovation a pour but de résoudre les difficultés qui s'élèvent journellement sur les questions délicates qui peuvent surgir dans les communes entre l'église et l'autorité municipale. C'est une œuvre profitable à tout le monde, à l'église et à la commune à la fois.

Les difficultés soulevées à l'occasion des sonneries de cloches dans les communes n'ont pas été réglées d'une manière définitive par les lois antérieures et par des décisions du Conseil d'Etat.

La preuve en est qu'à chaque instant, surtout dans ces derniers temps, elles se sont multipliées de façon à devenir, non pas une occasion de trouble, mais enfin d'embarras dans la marche de l'administration générale du pays, le maire prétendant avoir la suprématie dans cette affaire, le curé prétendant au contraire avoir un droit absolu dans cet ordre de faits. C'est pourquoi il importait de régler cette matière. Le Conseil d'Etat a donné, le 17 juin 1840, il est vrai, son avis sur les difficultés qui peuvent s'élever en pareille occurence, mais cet avis n'est pas une loi, le Gouvernement n'est même pas tenu d'y acquiescer. Du reste la Commission a fait passer dans l'article 100 non pas seulement l'esprit, mais les expressions mêmes de l'avis du Conseil d'Etat de 1840.

En effet, la loi dit que les sonneries religieuses, comme les sonneries civiles, seront l'objet d'un règlement concerté entre l'évêque et le préfet, et arrêté en cas de désaccord par le Ministre des cultes.

Il n'y a dans cette disposition rien de contraire à la liberté de l'Église catholique. Le Ministre des cultes, le représentant du gouvernement, imposera une solution pour sortir d'une difficulté inextricable et interviendra entre le préfet et l'évêque pour les départager. Un pareil conflit ne pourrait sans de graves inconvénients demeurer perpétuel.

En ce qui concerne la propriété des cloches, il n'y a qu'à appliquer les principes du Code civil. Le meuble qui fait corps avec un immeuble devient la propriété du propriétaire de l'immeuble lui-même. En conséquence, lorsque la cloche a été annexée à l'église, au clocher, elle devient immeuble par destination comme tous les meubles dans des circonstances semblables. La loi du 13 germinal an X devra être ainsi interprétée, bien que l'article ait été combattu au Sénat par MM. Chesnelong et Lucien Brun.

ART. 101

« Une clef du clocher sera déposée entre les mains des titulaires ecclésiastiques, une autre entre les mains du maire, qui ne pourra en faire usage que dans les circonstances prévues par les lois ou règlements.

« Si l'entrée du clocher n'est pas indépendante de celle de l'église, une clef de la porte de l'église sera déposée entre les mains du maire. »

C'est un amendement déposé par M. *Michou* en deuxième lecture, accepté d'ailleurs, au nom de la commission, par M. *Antonin Dubost*, qui est devenu l'article 101 voté par la Chambre, malgré les vives protestations de M. *Freppel* qui a réclamé la suppression de cet article, lequel fut légèrement modifié par le Sénat.

M. le Rapporteur, dans sa réplique, a indiqué les circonstances dans lesquelles un curé mal inspiré refuserait d'ouvrir la porte de l'église, dans le cas, par exemple, où le maire, voulant faire appel au zèle des habitants pour lutter contre un fléau immédiat, contre une inondation ou un incendie, demanderait, pour faire sonner les cloches d'alarme, à pénétrer dans le clocher.

Il ne peut pas être question dans de pareils moments d'aller chercher les autorités compétentes pour trancher le conflit entre le maire et le curé; il faut que le maire entre, et si le curé refuse l'entrée, il n'y avait autrefois d'autre moyen pour cela que d'en requérir et d'en forcer l'entrée.

On a donné une clef au maire précisément pour qu'il n'ait pas à enfoncer la porte, en raison du droit de propriété de la commune et pour la sauvegarde de ses intérêts.

Dans la discussion au Sénat, M. *Noblot* a formulé une observation destinée à appeler un changement de rédaction dans le texte de l'article 101. Il existe en France un certain nombre de communes qui n'ont qu'une seule église pour deux cultes, église dans laquelle on exerce simultanément le culte protestant et le culte catholique, c'est ce qu'on appelle le *Simultaneum*. C'est un exemple de tolérance, d'accord, de support mutuel et de respect de liberté de conscience. L'honorable sénateur proposa en conséquence qu'au lieu de dire : « Une clef de l'église sera déposée entre les mains « du titulaire ecclésiastique » on mit « des titulaires ecclésiastiques ».

Le Sénat accepta cette modification. Sur le même article, un amendement de M. *de Lareinty* a été adopté; il consiste en ce que, dans les cas où le clocher serait séparé de l'église, la clef seule du clocher soit déposée entre les mains du maire.

Un amendement de M. *Griffe* fut ensuite voté par le Sénat. Il est conçu dans ces termes : « Si l'entrée des clochers n'est pas indépendante de celle de l'église, une clef de l'église sera déposée entre les mains du maire. »

Art. 102

(Gardes champêtres — Nominations — Fonctions)

« Toute commune peut avoir un ou plusieurs gardes champêtres.

« Les gardes champêtres sont nommés par le maire ; ils doivent être agréés et commissionnés par le Sous-Préfet, ou par le Préfet dans l'arrondissement du chef-lieu. Le Préfet ou le Sous-Préfet devra faire connaître son agrément ou son refus d'agréer dans le délai d'un mois. Ils doivent être assermentés. Ils peuvent être suspendus par le maire. La suspension ne pourra durer plus d'un mois, le Préfet seul peut les révoquer.

« En dehors de leurs fonctions relatives à la police rurale, les gardes champêtres sont chargés de rechercher, chacun dans le territoire pour lequel il est assermenté, les contraventions aux règlements et arrêtés de police municipale. Ils dressent des procès-verbaux pour constater ces contraventions. »

Le garde champêtre, commissionné et assermenté, est officier de police judiciaire. Comme tel, il devra être traduit devant la Cour d'appel pour les crimes ou délits entraînant des peines sévères, commis à raison et dans l'exercice de ses fonctions (Article 11, Code d'instruction criminelle), et ne pourra être poursuivi que suivant les formes prescrites par les articles 483 et suivants du Code d'instruction criminelle. En conséquence, c'est aux procureurs généraux seuls qu'il appartient de les poursuivre (Cass. 4 octobre 1811) et les juges d'instruction ne pourront procéder contre eux sans avoir préalablement reçu une délégation du premier président de la Cour d'appel. (Cour de Paris, 27 octobre 1843.)

Art. 103

(Service de la police)

« Dans les villes ayant plus de 40,000 habitants, l'organisation du personnel chargé de la police est réglée, sur l'avis du Conseil municipal, par décret du Président de la République.

« Si un Conseil municipal n'allouait pas les fonds exigés pour la dépense, ou n'allouait qu'une somme insuffisante, l'allocation nécessaire serait inscrite au budget par décret du Président de la République, le Conseil d'État entendu.

« Dans toutes les communes, les inspecteurs de police, les brigadiers et sous-brigadiers et les agents de police nommés par le maire doivent être agréés par le Sous-Préfet ou par le Préfet. Ils peuvent être suspendus par le maire, mais le Préfet seul peut les révoquer. »

Il n'est rien dit dans le texte de la durée de la suspension prononcée par le maire. Il est donc tout naturel de se reporter à l'art. 102 qui limite à un mois la durée de suspension des gardes champêtres et d'appliquer cette disposition à l'article 103.

La Chambre des députés avait voté que l'intervention du Conseil d'État était nécessaire pour l'organisation de la police dans les grandes villes. M. *Demôle*, rapporteur de la commission du Sénat, a argué qu'alors que le Conseil municipal a obéi aux prescriptions de la loi, qu'il a alloué toutes les sommes nécessaires au budget de la police, que l'accord existe entre les autorités compétentes, un décret du président de la République était seul nécessaire.

Les inspecteurs et brigadiers, sous-brigadiers et agents de police doivent nécessairement, à raison même de la nature de leur fonction, être assermentés et commissionnés parce qu'ils doivent faire des procès-verbaux qui font foi en justice.

Art. 104

(Agglomération Lyonnaise)

« Le Préfet du Rhône exerce dans les communes de Lyon, Caluire et Cuire, — Oullins, Sainte-Foy, — Saint-Rambert, — Villeur-

banne, — Vaux et Velin, — Bron, Venissieux et Pierre-Bénite, du département du Rhône, et dans celle de Sathonay du département de l'Ain, les mêmes attributions que celles qu'exerce le Préfet de police dans les communes suburbaines de la Seine. »

La loi de 1881 avait restitué à la ville de Lyon sa municipalité supprimée en 1871, tout en décidant que certaines parties des fonctions de police qui appartenaient antérieurement au préfet dans les communes de l'agglomération lyonnaise lui seraient maintenues et qu'on ne laisserait entre les mains des maires de ces communes que les attributions de police municipale. C'est ce principe de la loi de 1881 qui a été maintenu par la Chambre malgré une vive opposition de M. Lagrange qui demandait la suppression de cet article.

Art. 105

(Attributions de police)

« Dans les communes dénommées à l'art. 104, les maires restent investis de tous les pouvoirs de police conférés aux administrations municipales par les paragraphes 1, 4, 5, 6, 7 et 8 de l'art. 97

« Ils sont, en outre, chargés du maintien du bon ordre dans les foires, marchés, réjouissances et cérémonies publiques, spectacles, jeux, cafés, églises et autres lieux publics. »

La commission refusait dans une première rédaction, aux maires des communes de l'agglomération lyonnaise, une partie des droits de police municipale.

C'est sur les observations de M. *Lagrange* qu'elle a rapporté la nouvelle rédaction de l'article 105 qui a été adoptée.

De ce vote il résulte que les maires des communes dénommées à l'article précédent seront investis des mêmes pouvoirs de police que tous les maires des autres communes de France dans les conditions déterminées par le § 1er de l'art. 105.

Art. 106

(Responsabilité collective et civile des communes)

« Les communes sont civilement responsables des dégâts et dommages résultant de crimes ou délits commis à force ouverte ou par violence sur leur territoire par des attroupements ou rassemblements armés, ou non armés, soit envers les personnes, soit contre les propriétés publiques ou privées.

« Les dommages-intérêts dont la commune est responsable sont répartis entre tous les habitants domiciliés dans ladite commune, en vertu d'un rôle spécial comprenant les quatre contributions directes. »

La Convention avait voté la loi du 10 vendémiaire an IV sur la responsabilité des communes au moment de circonstances terribles, au milieu des déchaînements des guerres civiles qui désolaient la France.

Mais tout en sanctionnant le principe de la responsabilité des communes, la Chambre n'a maintenu ni le texte ni l'esprit de cette loi de vendémiaire et en a abrogé ce qu'il y avait d'injuste et d'arbitraire dans ses dispositions.

Elle contient même des restrictions à cette présomption légale de faute, qui n'est que la conséquence même du devoir de solidarité, d'assistance mutuelle, qui relie tous les habitants d'une même commune, énumérées à l'article 108.

Enfin elle a laissé de côté ce qu'il pouvait y avoir de pénal dans la responsabilité de la commune, ce qu'il y avait d'individuel aux magistrats municipaux pour ne laisser subsister que l'idée de la responsabilité collective.

Ainsi se trouvent abrogées, dans leurs applications les plus rigoureuses, les dispositions si exceptionnelles de la loi du 10 vendémiaire an IV.

Art. 107

(Attroupements et rassemblements)

« Si les attroupements ou rassemblements ont été formés d'habitants de plusieurs communes, chacune d'elles est responsable des dégâts et dommages causés, dans la proportion qui sera fixée par les tribunaux. »

La Chambre a laissé au juge le soin d'arbitrer la part des dommages à payer par chacune des communes mises en cause.

Il est certain, en effet, que l'on doit tenir compte, dans une certaine mesure, par exemple, de la situation, de la richesse, des ressources des communes, de leur population et de leur importance comme communauté.

Il peut y avoir entre chacune d'elles un degré inégal de culpabilité, et par conséquent de responsabilité et de gravité.

Le juge est mieux placé que personne pour apprécier, d'après les circonstances de l'affaire, les divers degrés de culpabilité, de responsabilité des communes.

Art. 108

« Les dispositions des articles 106 et 107 ne sont pas applicables :

« 1° Lorsque la commune peut prouver que toutes les mesures qui étaient en son pouvoir ont été prises à l'effet de prévenir les attroupements ou rassemblements, et d'en faire connaître les auteurs ;

« 2° Dans les communes où la municipalité n'a pas la disposition de la police locale ni de la force armée ;

« 3° Lorsque les dommages causés sont le résultat d'un fait de guerre. »

La loi exonère de toute responsabilité les communes dans lesquelles le maire n'a pas la disposition de la police locale ni de la force militaire. Il n'y a que Paris et Lyon qui se trouvent dans ce cas en France.

Si, ultérieurement, d'autres villes se trouvaient dans la même situation, elles rentreraient dans l'exception.

Et alors, en cas de désordre sur le territoire de ces communes, il faudra s'en référer aux règles de droit commun.

Art. 109

« La commune déclarée responsable peut exercer son recours contre les auteurs et complices du désordre. »

Toutes les questions de dommages-intérêts sont portées devant les tribunaux civils.

TITRE QUATRIÈME

DE L'ADMINISTRATION DES COMMUNES

CHAPITRE Ier

DES BIENS, TRAVAUX ET ÉTABLISSEMENTS COMMUNAUX

ART. 110

(Dettes des communes — Modes de libération)

« La vente des biens mobiliers et immobiliers des communes, autres que ceux servant à un usage public, peut être autorisée sur la demande de tout créancier, porteur de titre exécutoire, par un décret du Président de la République qui détermine les formes de la vente. »

C'est ici le cas d'indiquer les moyens légaux qui appartiennent aux créanciers des communes pour obtenir leur paiement.

Il faut distinguer si la dette est contestée ou si elle ne l'est pas.

Elle peut être contestée parce que la personne qui a stipulé au nom de la commune n'avait pas qualité pour l'obliger. Elle peut l'être aussi lorsqu'il y a contestation sur l'existence même de la créance. Dans ce cas, comme il s'agit d'établir par les moyens du droit civil l'existence même de la créance et d'obtenir un titre, les tribunaux ordinaires ont compétence pour en connaître et pour prononcer condamnation, mais il leur est interdit de déterminer un mode de paiement, de déclarer par exemple que la créance sera payée sur le budget de la commune en une ou plusieurs annuités; ce serait empiéter sur les attributions de l'autorité administrative à laquelle appartient le droit de déterminer le mode de libération ainsi que nous allons l'expliquer.

Si au contraire la dette n'est pas contestée, ou si après contestation l'existence et le chiffre en ont été consacrés par jugement, dans ce cas, le créancier doit s'adresser, pour se faire payer, au préfet qui, après délibération du Conseil municipal, déterminer le mode de libération. Les communes, dit *M. de Cormenin*, ne peuvent acquitter leurs dettes qu'au moyen, soit de fonds libres, soit d'un emprunt, soit d'une imposition extraordinaire, soit enfin de l'aliénation de biens communaux. — A défaut de fonds libres, c'est au Conseil municipal et à l'autorité supérieure à prendre des mesures compatibles avec la possibilité de la commune — et comme les modes de libération que nous venons d'indiquer exigent de nombreuses formalités, il est interdit à tout créancier de saisir les biens mobiliers ou immobiliers appartenant à une commune, à moins d'avoir un titre exécutoire et d'y être autorisé par un décret du président de la République.

C'est là un cas tout à fait exceptionnel prévu par notre article qui n'est, d'ailleurs, que la reproduction de l'art. 46 de la loi du 18 juillet 1857.

Mais en général et sauf l'exception dont nous venons de parler, les créanciers d'une commune ne peuvent exercer contre elle *aucune poursuite d'exécution* et doivent, quand ils ont un titre légal, s'adresser au préfet qui prend, sur l'avis du Conseil municipal, les mesures les plus propres à garantir les droits du créancier et les intérêts de la commune.

ART. 111

(Dons et legs)

« Les délibérations du conseil municipal ayant pour objet l'acceptation de dons et legs, lorsqu'il y a des charges ou conditions, sont exécutoires sur arrêté du préfet, pris en conseil de préfecture.

« S'il y a réclamation des prétendants droit à la succession, quelles que soient la quotité et la nature de la donation ou du legs, l'autorisation ne peut être accordée que par décret rendu en conseil d'Etat.

« Si la donation ou le legs ont été faits à un hameau ou quartier de commune qui n'est pas encore à l'état de section ayant la personnalité civile, les habitants du hameau ou quartier seront appelés à élire une commission syndicale, conformément à l'article 129 ci-dessous. La commission syndicale délibérera sur l'acceptation de la libéralité, et dans aucun cas, l'autorisation d'accepter ne pourra être accordée que par un décret, rendu dans la forme des règlements d'administration publique. »

La jurisprudence administrative, contrairement à l'esprit de la circulaire ministérielle du 5 décembre 1863, admet aujourd'hui les donations *sous réserve d'usufruit*, faites aux communes et établissements de bienfaisance, lorsque la réserve d'usufruit est justifiée par des motifs sérieux.

La condition de ne jamais vendre ou aliéner sous aucun prétexte étant en opposition avec l'esprit de l'art. 544 du Code civil est réputée non écrite. Mais elle n'est pas un obstacle à l'acceptation de la libéralité.

Les délibérations constatant l'offre d'une somme à titre de *don manuel*, le versement de cette somme, l'acceptation de la libéralité aux conditions imposées par le donateur, et le règlement du mode d'exécution ont pour effet d'assurer la perpétuité de la disposition bienfaisante lorsqu'elles ont été revêtues de l'approbation de l'autorité compétente. (Cass. 19 mai 1874.)

Si le donateur veut conserver l'*anonyme*, l'acceptation, par simple délibération, est autorisée.

Les Conseils municipaux statuent, par leurs délibérations, sur les dons et legs faits aux communes, sans charges, conditions ni affectation immobilière, lorsque ces dons et legs ne donnent pas lieu à réclamation. (Loi, 24 juillet 1867.)

Les Conseils généraux statuent définitivement par leurs délibérations sur l'acceptation des dons ou legs faits au département, quand ils ne donnent pas lieu à réclamation. (Loi 10 août 1871, art. 46.)

Art. 112

« Lorsque la délibération porte refus de dons ou legs, le préfet peut, par un arrêté motivé, inviter le conseil municipal à revenir sur sa première délibération. Le refus n'est définitif que si, par une seconde délibération, le conseil municipal déclare y persister.

« Si le don ou le legs a été fait à une section de commune et que le conseil municipal soit d'avis de refuser la libéralité, il sera procédé comme il est dit au paragraphe 3 de l'article 111. »

Si le don ou legs a été fait à une section de commune, les habitants de cette section seront appelés à élire une Commission syndicale. Les propriétaires fonciers, aussi bien que les électeurs inscrits, habitant ou possédant des biens sur le territoire de cette section, payant des droits au fisc, et inscrits au rôle de l'une des quatre contributions directes, concourront à l'élection des membres de la Commission syndicale. Celle-ci, une fois constituée, délibérera sur l'acceptation de la libéralité, et la délibération qui interviendra sera adressée à l'autorité supérieure. Mais l'autorisation d'accepter ne pourra être accordée que par décret, rendu dans la forme des règlements d'administration publique. (Article 129 ci-dessous.)

Ainsi il sera nommé une Commission syndicale, conformément à l'article 129. La Commission syndicale délibérera sur l'acceptation de la libéralité, et sa délibération ne sera exécutoire qu'en vertu d'un décret rendu dans la forme des règlements d'administration publique.

Art. 113

(Acceptation provisoire)

« Le maire peut toujours, à titre conservatoire, accepter les dons ou legs et former avant l'autorisation toute demande en délivrance.

« Le décret du Président de la République, l'arrêté du préfet, ou la délibération du conseil municipal, qui interviennent ultérieurement, ont effet du jour de cette acceptation. »

L'acceptation provisoire a pour effet de prévenir la caducité des donations, dans le cas où les donateurs viendraient à décéder ou à révoquer leurs dispositions avant l'accomplissement des formalités nécessaires pour que les communes soient autorisés à entrer en jouissance.

Ce droit, accordé au maire par la loi de 1837 et inséré dans la nouvelle loi, d'accepter, « *à titre conservatoire* » a été étendu aux préfets, en faveur des départements; par l'article 53 de la loi du 10 août 1871.

Les présidents des commissions administratives, des établissements communaux de bienfaisance, des hospices et hôpitaux possèdent aussi cette faculté d'acceptation provisoire.

L'acceptation provisoire a pour effet non seulement de prévenir la caducité des donations, mais encore de ne pas exposer les départements, les communes et les établissements communaux de bienfaisance à perdre les intérêts des legs et donations qui courent pendant le temps où ils sont en instance pour se faire habiliter. (Orléans, 8 janvier 1867.)

Art. 114

(Constructions)

« Aucune construction nouvelle ou reconstruction ne peut être faite que sur la production des plans et devis approuvés par le conseil municipal, sauf les exceptions prévues par les lois spéciales.

« Les plans et devis sont, en outre, approuvés par le préfet dans les cas prévus par l'article 68 paragraphe 3. »

C'est-à-dire lorsque la dépense totalisée avec les dépenses de même nature de l'exercice courant, dépasse les limites des ressources ordinaires et extraordinaires que les communes peuvent se créer sans autorisation spéciale.

En dehors de ce cas d'exception, le Conseil municipal est définitivement compétent.

Art. 115

« Les traités de gré à gré à passer dans les conditions prévues par l'ordonnance du 14 novembre 1837 et qui ont pour objet l'exécution par entreprise, des travaux d'ouverture des nouvelles voies publiques et de tous autres travaux communaux, sont approuvés par le préfet, ou par décret, dans le cas prévu par l'article 145, paragraphe 3.

« Il en est de même des traités portant concession à titre exclusif, ou pour une durée de plus de trente années, des grands services municipaux, ainsi que des tarifs et traités relatifs aux pompes funèbres. »

La nouvelle rédaction de l'article 115 renvoie à l'ordonnance du 14 novembre 1837.

La conséquence de ce renvoi est de donner la valeur d'une disposition législative à l'ordonnance de 1837; par conséquent, l'ordonnance ne pourrait plus être modifiée par décret.

L'innovation introduite dans cette loi qui donne aux communes le monopole des pompes funèbres, est la confirmation du principe de la loi que la Chambre des députés a votée et que le Sénat a renvoyée à l'examen d'une commission spéciale dont le rapport n'a pas été encore déposé.

C'est pourquoi le produit du traité n'entre pas en compte dans les articles 136 et 139 qui contiennent l'indication des recettes et des dépenses obligatoires des communes.

Art. 116

(Réunion de plusieurs Conseils municipaux)

« Deux ou plusieurs Conseils municipaux peuvent provoquer entre eux, par l'entremise de leurs présidents, et après en avoir averti les préfets, une entente sur les objets d'utilité communale compris dans leurs attributions et qui intéressent à la fois leurs communes respectives.

« Ils peuvent faire des conventions à l'effet d'entreprendre ou de conserver à frais communs des ouvrages ou des institutions d'utilité commune. »

Art. 117

(Conférences des Conseils municipaux)

« Les questions d'intérêt commun seront débattues dans des conférences où chaque Conseil municipal sera représenté par une commission spéciale nommée à cet effet et composée de trois membres nommés au scrutin secret.

« Les préfets et les sous-préfets des départements et arrondissements comprenant les communes intéressées pourront toujours assister à ces conférences. Les décisions qui seront prises ne seront exécutoires qu'après avoir été ratifiées par tous les Conseils municipaux intéressés et sous les réserves énoncées au chapitre III du titre IV de la présente loi. »

Art. 118

(Délibérations de Conseils réunis)

« Si des questions autres que celles que prévoit l'article 116 étaient mises en discussion, le préfet du département où la conférence a lieu d[é]clarerait la réunion dissoute.

« Toute délibération prise après cette déclaration donnerait lieu à l'application des dispositions et pénalités énoncées à l'article 34 de la loi du 10 août 1871. »

Note générale sur les art. 116, 117, 118

La Chambre des députés avait adopté un texte absolument différent. Le rapporteur de la Commission du Sénat a expliqué en ces termes les motifs qui militent en faveur de ce changement de rédaction.

M. Demôle, *rapporteur*. — Messieurs, la proposition de loi que vous a transmise la Chambre des députés contenait dans ses articles 116, 117, 118, 119, 120 et 121, un ensemble de dispositions sur lesquelles plusieurs de nos collègues avaient présenté des amendements et dont votre commission vous avait demandé l'ajournement. Nous sommes à même, aujourd'hui, de proposer au Sénat une rédaction nouvelle, et je lui demande la permission d'exposer en quelques mots les motifs qui nous ont guidés dans ce changement de rédaction.

Les articles que je viens d'énumérer avaient pour objet de permettre aux communes d'organiser entre elles, dans des cas déterminés, des associations que le projet de loi définissait : commissions intercommunales. Ces commissions intercommunales sont constituées par le projet de loi tout à fait à l'état de conseils municipaux spéciaux. Qu'il dût s'agir de biens ou de droits indivis entre plusieurs communes, ou, au contraire, de créations nouvelles ; qu'il dût s'agir d'établir un hôpital, une école, un cours d'enseignement ou même de créer, d'améliorer ou d'entretenir une voie vicinale ordinaire, les commissions intercommunales formées, soit d'office par le préfet du département, soit sur la réclamation des communes se prétendant intéressées, étaient constituées à l'état permanent ; il y avait cette circonstance très grave que les délibérations prises par ces commissions n'avaient besoin, en aucun cas, pour devenir exécutoires, d'être soumises à la ratification des conseils municipaux intéressés. Vous apercevez d'ici l'énorme changement qu'une telle disposition apporterait aux droits et aux attributions des communes tels qu'ils étaient compris jusqu'à présent.

Ainsi, pour faire saisir ma pensée par exemple : trois communes étaient constituées en commissions intercommunales pour la création d'un hospice sans même l'avoir demandé. Le Préfet avait, en effet, le droit de créer d'office ces commissions ; l'une d'elles seulement avait réclamé la réunion ; les deux autres n'avaient pas été consultées sur l'opportunité de cette réunion. Quoi qu'il en soit, les trois communes étaient représentées dans cette commission intercommunale par des délégués, nommés dans des conditions assez mal définies par le projet de loi, puisque le nombre de ses délégués était laissé à l'arbitraire de l'autorité préfectorale.

La délibération s'ouvrait, et l'une des communes résistait absolument à la demande. Elle prétendait, par exemple, qu'elle ne voyait pas l'utilité de l'hôpital à créer, ou bien que ses moyens financiers ne lui permettaient pas d'y contribuer; ou bien encore, le conseil municipal avait donné à ses délégués, comme mandat, de se refuser absolument à toute entreprise de ce genre.

Cependant la majorité des voix des deux autres communes l'emportant, la création de l'établissement était votée et cette décision devenait exécutoire après l'approbation de l'autorité supérieure.

C'était, vous le voyez, la négation complète et absolue du droit des communes tel que nous le comprenons à présent.

Je pourrais multiplier les exemples et vous montrer les graves inconvénients de cette innovation. Il y avait là la pensée latente de la constitution de ce qu'on a appelé les Conseils cantonaux, institution sur laquelle je n'ai point à me prononcer en ce moment et dont nous serons peut-être saisis postérieurement par l'initiatitive de l'un des membres du Parlement ou autrement.

Quant à présent, l'institution des Conseils cantonaux n'étant réglée par aucune disposition et étant même l'objet de nombreuses controverses, il nous paraît que ces conseils n'ont aucune existence légale, puisqu'il leur manque un élément absolument indispensable pour cela, c'est-à-dire un budget particulier dont ils aient la disposition, et qu'il est dès lors impossible de rien faire qui rentre dans cet ordre d'idées.

La loi du 10 août 1871 s'est occupée d'hypothèses semblables en ce qui touche les Conseils généraux. Elle a prévu le cas où plusieurs Conseils généraux auraient à s'entendre sur des objets d'utilité commune; elle a organisé la possibilité de conférences entre ces Conseils, elle en a réglé les formalités et a pourvu d'une façon assez complète à ce que ces intérêts communs entre les départements fussent traités d'une façon suffisante.

Votre commission, Messieurs, s'inspirant de la disposition de la loi du 10 août 1871, a l'honneur de vous présenter, aux lieu et place des articles de son projet primitif, les trois articles suivants qui viendront dans le projet de loi sous les numéros 116, 117 et 118.

« Art. 116. — Deux ou plusieurs Conseils municipaux peuvent provoquer entre eux, par l'entremise de leurs maires, et après en avoir averti les Préfets, une entente sur les objets d'utilité communale compris dans leurs attributions et qui intéressent à la fois leurs communes respectives.

« Ils peuvent faire des conventions à l'effet d'entreprendre ou de conserver à frais communs des ouvrages ou des institutions d'utilité commune.

« Art. 117. — Les questions d'intérêt commun seront débattues dans des conférences où chaque Conseil municipal sera représenté par une commission spéciale nommée à cet effet et composée de trois membres nommés au scrutin secret.

« Les Préfets et les sous-Préfets des départements et arrondissements comprenant les communes intéressées pourront toujours assister à ces conférences. Les décisions qui y seront prises ne seront exécutoires qu'après avoir été ratifiées par tous les Conseils municipaux intéressés et sous les réserves énoncées au chapitre 3 du titre IV de la présente loi.

« Art. 118. — Si des questions autres que celles que prevoit l'art. 116 étaient mises en discussion, le Préfet du département où la conférence a lieu, déclarerait la réunion dissoute.

« Toute délibération prise après cette déclaration donnerait lieu à l'application des dispositions et pénalités énoncées à l'art. 34 de la loi du 10 août 1871. »

Ces dispositions, Messieurs, j'ai l'honneur de le répéter au Sénat, sont la reproduction à peu près textuelle, et, sauf un changement que nécessitait la différence de situation, des dispositions de la loi du 10 août 1871.

Je ne veux entretenir le Sénat que d'une seule modification, qui ne touche peut-être pas au fond et que la commission a introduite dans les dispositions de la loi de 1871. Quand il s'agit des Conseils généraux, la loi leur laisse l'absolue liberté de nommer leurs délégués, comme ils l'entendent, sans limitation du nombre.

Nous avions pensé que, quand il s'agit de Conseils municipaux, il vaut mieux fixer par la loi le nombre de délégués que les Conseils municipaux devront envoyer aux conférences. Et comme, en somme toutes les décisions prises dans ces conférences, ou plutôt toutes les propositions qui y sont faites ne peuvent avoir d'effet et devenir exécutoires qu'après avoir été soumises aux Conseils municipaux et ratifiées par eux, le nombre des délégués est un peu indifférent. C'est donc là plutôt une question d'ordre que nous avons réglée. En conséquence, nous avons décidé que les communes enverraient chacune trois délégués dans les conférences et que ce nombre serait le même pour toutes les communes.

Telle est la modification que nous vous proposons d'accepter. L'exemple des Conseils généraux, les effets qu'ont produits les dispositions de la loi de 1871 nous ont paru encourageants pour adapter ces mêmes dispositions au régime municipal.

Le moment ne nous semble pas venu, s'il doit venir un jour, d'aller plus loin et de constituer, à côté du pouvoir municipal, à côté de ce pouvoir si légitime et si respectable, un pouvoir supérieur dont nous ne connaissons encore ni le caractère, ni les effets, et dont l'application pourrait, à coup sûr, avoir des inconvénients d'une certaine nature que nous ne voulons pas subir.

C'est dans ces conditions que j'ai l'honneur de soumettre au Sénat, à la place du projet de la Chambre des députés, dont nous avions proposé primitivement la rédaction, les dispositions que j'ai lues tout à l'heure au Sénat.

En deuxième lecture, le Sénat, tout en maintenant les art. 116, 117, 118, a élargi le principe de l'organisation des commissions syndicales, et a reporté aux art. 161 et suivants, l'organisation de ces commissions dont la Chambre a augmenté les attributions.

Art. 119

(Commissions administratives des hospices, hôpitaux et autres établissements charitables)

« Les délibérations des commissions administratives des hospices, hôpitaux et autres établissements charitables communaux concernant un emprunt, sont exécutoires en vertu d'un arrêté du préfet, sur avis conforme du Conseil municipal, lorsque la somme à emprunter ne dépasse pas le chiffre des revenus ordinaires de l'établissement et que le remboursement doit être effectué dans un délai de douze années.

« Si la somme à emprunter dépasse ledit chiffre, ou si le délai de remboursement excède douze années, l'emprunt ne peut être autorisé que par un décret du Président de la République.

« Le décret est rendu en Conseil d'Etat, si l'avis du Conseil municipal est contraire ou s'il s'agit d'un établissement ayant plus de 100,000 francs de revenu.

« L'emprunt ne peut être autorisé que par une loi, lorsque la somme à emprunter dépasse 500,000 francs ou lorsque ladite somme, réunie en chiffre à d'autres emprunts non encore remboursés, dépasse 500,000 francs. »

Art. 120

(Délibérations des Commissions administratives)

« Les délibérations par lesquelles les Commissions administratives chargées de la gestion des établissements publics communaux changeraient en totalité ou en partie l'affectation des locaux ou objets immobiliers ou mobiliers appartenant à ces établissements, dans l'intérêt d'un service public ou privé quelconque, ou mettraient à la disposition, soit d'un autre établissement public ou privé, soit d'un particulier, lesdits locaux et objets, ne sont exécutoires qu'après avis du Conseil municipal et en vertu d'un décret rendu sur la proposition du ministre de l'intérieur. »

Note générale sur les articles 119 et 120

Article 119. — Les *Bureaux de Bienfaisance* sont des établissements d'assistance publique chargés de distribuer aux indigents des secours, soit en argent, soit en nature : Bons de pain, de viande, etc.

Les *Hospices* sont des établissements destinés aux malades, aux infirmes et aux pauvres.

Ce sont des êtres moraux qui ont leur actif, leur passif, leur administration, auxquels la loi donne le droit d'aliéner, d'acheter, d'échanger, de plaider sous certaines conditions.

L'hospice, comme tous les établissements publics, a ses représentants : ce sont les membres composant la Commission administrative, ou plutôt cette commission même. Les préfets sont étrangers à toute gestion, et leur autorité se borne à l'exercice de *cette tutelle*, qui, dans les cas déterminés, protège la fortune des hospices. Cela résulte des diverses dispositions de la loi du 16 vendémiaire an V, 16 messidor an VII; des arrêtés du gouvernement du 7 messidor an IX, 9 ventôse an X et 10 vendémiaire an XII.

Sous la Révolution, par décret du 23 messidor an II, leurs biens furent nationalisés. Des conseils cantonaux furent chargés dans chaque circonscription territoriale des campagnes, de distribuer aux pauvres valides et non valides, sous la surveillance des corps administratifs, des secours en argent et en nature, et de leur procurer du travail. A cet effet, un registre était ouvert à la mairie du canton où chaque citoyen pouvait se faire inscrire. (Loi 19-24 mars 1793, art. 6.)

La loi du 16 vendémiaire an V remit les hospices en possession de leurs biens non vendus et décida que des biens nationaux leur seraient alloués en remplacement de ceux qui avaient été aliénés. Les Bureaux de bienfaisance participèrent à cet heureux changement.

La même loi assimila les hospices aux Communes pour l'exercice de leurs actions et le paiement de leurs dettes.

Les tribunaux civils connaissent de toutes les questions de propriété, de possession et de servitude: mais ils sont incompétents pour connaître des questions dont l'origine et la solution sont du ressort du contentieux administratif. Les Conseils de préfecture jugent de la connaissance des questions élevées entre un hospice et le Domaine sur la priorité de découverte de rentes ou biens célés, et des questions élevées entre un hospice et une fabrique sur le droit et la possession de ces rentes et biens, et sur les fruits ou arrérages qu'ils ont produits. (Cormenin, t. III, p. 203.)

Ils connaissent encore des difficultés entre les entrepreneurs des travaux et l'hospice; enfin des questions de comptabilité lorsque les recettes des hospices n'excèdent pas 300,000 francs; au delà de ce chiffre, leurs budgets devant être réglés par la Cour des Comptes.

Les délibérations des commissions administratives concernant un emprunt ne sont exécutoires qu'après avis du Conseil municipal et en vertu d'un arrêté du préfet, dans les conditions déterminées par notre article et même, s'il s'agit d'un emprunt, il doit être autorisé par décret du Président de la République si le délai de remboursement excède douze années et si la somme empruntée dépasse le chiffre des revenus ordinaires de l'établissement.

La loi du 11 mai 1873 a réglé la composition des commissions administratives des établissements de bienfaisance, commissions dont la présidence appartient au maire ou à l'adjoint, ou aux conseillers municipaux remplissant, dans leur plénitude, les fonctions de maire.

Quant aux conditions d'admission dans les hospices et hôpitaux et aux règles de leur administration tant intérieure qu'extérieure, elles restent soumises aux prescriptions de la loi du 7 août 1851.

Toutefois, et spécialement en ce qui concerne les emprunts, notre article a eu pour objet d'étendre la prérogative des commissions administratives. Il modifie, dans un sens libéral, les dispositions des art. 9 et 10 de la loi de 1851, relatives à cet objet.

Article 120. — Notre article prévoit le cas du *changement* d'affectation des locaux ou objets immobiliers et mobiliers appartenant aux établissements charitables. — Sur ce point, il a complété la loi du 10 août 1851 — et dispose à cet égard que les délibérations des commissions administratives ne seront exécutoires qu'après avis du Conseil municipal, et en vertu d'un décret rendu sur la proposition du Ministre de l'Intérieur.

Dans certaines circonstances, cette disposition paraît un peu rigoureuse, dans le cas par exemple où une commission administrative veut changer la destination d'un local pour y installer une bibliothèque au lieu d'un musée, et réciproquement. Il semble que dans ces conditions le Préfet peut approuver la délibération municipale sans qu'il soit nécessaire d'un décret du Président de la République.

CHAPITRE II

DES ACTIONS JUDICIAIRES

ART. 121

(Autorisation pour ester en justice)

« Nulle commune ou section de commune ne peut ester en justice sans y être autorisée par le Conseil de Préfecture, sauf les cas prévus aux articles 122 et 154 de la présente loi.

« Après tout jugement intervenu, la commune ne peut se pourvoir devant un autre degré de juridiction qu'en vertu d'une nouvelle autorisation du Conseil de préfecture.

« Dans les cas prévus par les deux paragraphes précédents, la décision du Conseil de préfecture doit être rendue dans les deux mois, à compter du jour de la demande en autorisation. A défaut de décision rendue dans ledit délai, la commune est autorisée à plaider. »

Il est utile de signaler ce *caractère non contentieux* des Conseils de Préfecture.

L'autorisation du Conseil de préfecture est nécessaire pour que la commune puisse plaider non seulement devant les juridictions civiles mais aussi devant les juridictions répressives, ainsi qu'il résulte de l'arrêt de la cour de Douai (chambre correctionnelle, 10 juillet 1860) relativement à une action ayant pour cause l'abattage d'arbres appartenant à la ville.

Mais nul doute, par exemple qu'un Conseil de préfecture qui a refusé à une commune l'autorisation nécessaire pour plaider, ne puisse se réformer plus tard, ou, pour parler plus exactement, ne puisse accorder par un nouvel arrêté l'autorisation d'abord refusée. Ainsi il peut autoriser une commune à former opposition à un jugement qui l'a condamnée par défaut, bien qu'il lui ait refusé, au début du procès, l'autorisation de plaider.

Il existe des exceptions à cette règle.

L'autorisation n'est pas nécessaire dans les cas suivants :

« 1° Pour les actions possessoires. Le maire peut toujours, sans autorisation préalable, les intenter ou y défendre. (Art. 122.)

« 2° Lorsque des oppositions sont faites au recouvrement des recettes municipales inscrites sur les états dressés par le maire et rendues exécutoires après avoir été visées par le sous-Préfet, *et que la matière est de la compétence des tribunaux ordinaires.*

« Ces oppositions sont alors jugées comme *affaires sommaires*, et la commune peut y défendre sans autorisation du Conseil de préfecture.

« 3° Pour intenter une action administrative devant les Conseils de préfecture et le Conseil d'Etat ou y défendre. (Ar. du C., 9 janvier 1849.)

« 4° Quand une commune est régulièrement autorisée à plaider, qu'elle a gagné en première instance, et qu'elle est intimée en appel, il n'y a aucune raison pour elle de se présenter devant la juridiction administrative pour obtenir une nouvelle autorisation.

(M. Demole et M. Batbie au Sénat.)

Enfin la commune peut plaider, même demanderesse, si dans les deux mois à compter de la demande en autorisation le Conseil de préfecture n'a pas rendu de décision.

Mais dans ce cas, la commune est considérée comme valablement autorisée, en conséquence de cet adage: *Qui ne dit mot, consent.*

L'autorisation accordée par le Conseil de préfecture ou, en cas de pourvoi, par le Conseil d'Etat, peut être plus restreinte que la demande.

La nécessité de l'autorisation a pour sanction la nullité de la procédure suivie. Mais une commune qui aurait soutenu son procès en première instance et en appel ne saurait arguer du défaut d'autorisation, pour la première fois, en cassation.

Art. 122

(Actions possessoires)

« Le maire peut toujours, sans autorisation préalable, intenter toute action possessoire ou y défendre, et faire tous actes conservatoires ou interruptifs des déchéances.

« Il peut, sans autre autorisation, interjeter appel de tout jugement et se pourvoir en cassation ; mais il ne peut ni suivre sur l'appel, ni suivre sur le pourvoi qu'en vertu d'une nouvelle autorisation. »

On appelle *actes conservatoires* toutes mesures devenues nécessaires pour la conservation d'un droit ou d'une créance, ou pour empêcher que ce droit soit compromis ou qu'une déchéance soit encourue.

Le paragraphe 2 nous donne un exemple de la faculté accordée au maire de former un appel ou un pourvoi avant même que l'autorisation soit intervenue, afin de sauvegarder les droits de la commune et d'empêcher la déchéance qui résulterait de l'expiration des délais d'appel et de pourvoi en cassation.

L'administration supérieure est investie d'un droit de tutelle et de protection sur les intérêts privés des communes, d'où la conséquence qu'elles ne peuvent intenter ou soutenir un procès sans autorisation préalable et que toutes procédures faites sans cette autorisation sont nulles.

Notre article contient, en faveur des communes, une exception à cette règle en permettant au maire de faire appel ou de se pourvoir en cassation, avant l'autorisation, à la condition que cette autorisation interviendra avant de suivre sur l'appel ou sur le pourvoi.

Si cette nouvelle autorisation était refusée, l'appel et le pourvoi seraient nuls.

Mais l'autorisation avant le jugement valide la procédure suivie.

En résumé, si la Commune, soit demanderesse, soit défenderesse, valablement autorisée à ester en justice, *a gagné son procès en première instance*, elle pourra, sans nouvelle autorisation administrative, suivre contre l'appel ou le pourvoi en Cassation que la partie adverse pourrait lui signifier.

Si, au contraire, *elle a perdu son procès en première instance ou en appel*, une nouvelle autorisation lui est nécessaire, soit pour interjeter appel, soit pour se pourvoir en Cassation.

Art. 123

(Exercice des actions de la commune par les contribuables)

« Tout contribuable inscrit au rôle de la commune a le droit d'exercer, à ses frais et risques, avec l'autorisation du Conseil de Préfecture, les actions qu'il croit appartenir à la Commune ou section, et que celle-ci, préalablement appelée à en délibérer, a refusé ou négligé d'exercer.

« La Commune ou section est mise en cause, et la décision qui intervient a effet à son égard. »

Une discussion importante a été soulevée au sujet du deuxième paragraphe. Le ministre de l'intérieur en a demandé la suppression, objectant que sous l'empire de la législation de 1837, dans la pratique, lorsqu'un habitant d'une commune ou section entreprenait à ses risques et périls, avec l'autorisation du Conseil de préfecture, d'exercer les actions qu'il croyait appartenir à la commune, il n'y avait chose jugée qu'entre cet habitant et les adversaires judiciaires qu'il s'était donnés. Il serait donc dangereux de mettre les communes en cause.

Examinons quelles seraient les conséquences du rejet du paragraphe 2, a répliqué *M. Peulevey* :

« Une action en revendication est intentée contre tel ou tel tiers détenteur, l'habitant qui a introduit l'action gagne son procès. La commune en profite. Mais s'il perd, il arrivera que dans dix, quinze ou vingt ans, la commune ou tel autre habitant trouvera utile de recommencer le procès. Si la question est tranchée dans un autre sens, on aura ainsi tenu en échec la propriété d'un immeuble ou d'un chemin et tout le monde sait les inconvénients qui s'attachent à une propriété litigieuse.

« On ne peut laisser ainsi en état de doute et de perplexité ceux qui peuvent avoir des droits sur une propriété quelconque. Les questions de ce genre doivent être réglées d'une manière définitive lorsqu'on fait un procès. »

La Chambre a adopté la rédaction de la commission.

En effet, un Conseil municipal peut mal comprendre les intérêts de la commune. Or, il peut se trouver des personnes intéressées à exercer une action judiciaire utile aux habitants en général et à la communauté. On ne peut priver ces personnes du droit d'intervenir, à défaut du Conseil municipal, lorsque surtout l'approbation du Conseil de préfecture est exigée. Où trouver une plus sérieuse garantie que la demande, — précisément à cause du refus du Conseil municipal d'exercer l'action, — sera examinée sous ses divers aspects avec la plus scrupuleuse impartialité et l'attention la plus soutenue ; que l'autorisation ne sera pas accordée à la légère, enfin, que l'action ne sera pas exercée inutilement et imprudemment.

Ainsi donc, tout contribuable propriétaire forain, femmes veuves ou filles majeures, à ce dûment autorisés par le Conseil de préfecture pourront intenter les actions qu'ils croiront appartenir à la commune ou section. Celles-ci seront mises en cause. Dès lors, le jugement qui interviendra pourra être dommageable pour la commune ou la section, mais c'est ce qui arrive dans tous les procès, on est exposé à les perdre et à en subir les conséquences. Les jugements sont bons pour ceux qui les obtiennent. C'est une règle de droit.

D'une discussion au Sénat entre *MM. Clément*, *Ninard* et *Demole*, il résulte que dans le cas où le contribuable veut exercer les actions de la commune et plaider même devant les tribunaux administratifs, il devra obtenir l'autorisation préalable du Conseil de préfecture.

Art. 124

(Mémoires)

« Aucune action judiciaire, autre que les actions possessoires, ne peut, à peine de nullité, être intentée contre une commune, qu'autant que le demandeur a préalablement adressé au préfet ou sous-préfet un mémoire exposant l'objet et les motifs de sa réclamation. Il lui en est donné récépissé.

« L'action ne peut être portée devant les tribunaux que deux mois après la date du récépissé, sans préjudice des actes conservatoires.

« La présentation du mémoire interrompt toute prescription ou déchéance, si elle est suivie d'une demande en justice dans le délai de trois mois. »

Le paragraphe 3 de l'article 121 avait paru en contradiction avec les termes de l'art. 124.

Or, il s'agit de deux espèces différentes : lorsqu'un tiers veut attaquer une commune, il doit présenter un mémoire et l'action ne peut être intentée que deux mois après le dépôt du mémoire à la Préfecture ou sous-préfecture qui en donne récépissé. Tel est le cas visé par l'art. 124.

Mais lorsque c'est la commune qui veut faire un procès, elle a deux mois pour se faire autoriser par le Conseil de préfecture et si, dans le délai de deux mois, l'autorisation n'est pas arrivée, elle peut plaider.

Art. 125

(Commune défenderesse)

« Le préfet ou le sous-préfet adresse immédiatement le mémoire au maire, avec l'invitation de convoquer le Conseil municipal dans le plus bref délai pour en délibérer.

« La délibération du Conseil municipal est transmise au Conseil de préfecture, qui décide si la commune doit être autorisée à ester en justice.

« La décision du Conseil de Préfecture doit être rendue dans le délai de deux mois, à dater du dépôt du mémoire. »

Cet article règle la situation, le rôle, les obligations des communes qui ont à défendre à un procès. Il fixe la procédure à suivre en pareil cas. Un mémoire est déposé par le demandeur entre les mains du préfet ; le préfet l'envoie au maire, sollicite la déclaration du Conseil municipal, et soumet son avis, avec celui du Conseil municipal, au Conseil de préfecture. Le Conseil de préfecture décide alors « *si la commune doit être autorisée à ester en justice.* »

A ces expressions reproduites de la loi du 18 juillet 1837, la Chambre des députés avait substitué les suivantes : « *Si la commune doit ester en justice.* »

Par suite de ce changement, la commune se trouvait dans l'obligation de défendre à l'action, alors même que le Conseil municipal voulait s'abstenir; et, dans le cas où la commune, représentée par le maire, refusait d'obéir à une décision du Conseil de préfecture qui ordonnait d'ester en justice, en tant que défenderesse, le préfet, armé des dispositions de l'art. 85, pourrait intervenir et plaider au nom de la commune, aux frais, périls et risques de celles-ci.

Le Sénat a refusé de s'associer à cette innovation. Il a rétabli les dispositions de la loi du 18 juillet 1837, et a consacré l'interprétation que la *Cour de cassation*, dans une audience solennelle, toutes chambres réunies, en a donnée dans le cours de l'année 1867. La Cour décida que l'administration n'avait aucun droit d'intervention dans les procès intentés à une commune, et que celle-ci était absolument maîtresse de les suivre ou de les abandonner.

L'autorisation administrative, en habilitant la commune à plaider, lui donne une faculté dont elle est maîtresse d'user ou de ne pas user.

ART. 126

(Refus d'autorisation)

« Toute décision du Conseil de préfecture, portant refus d'autorisation, doit être motivée.

« La commune, la section de commune ou le contribuable, auquel l'autorisation a été refusée, peut se pourvoir devant le Conseil d'Etat.

« Le pourvoi est introduit et jugé en la forme administrative. Il doit, à peine de déchéance, être formé dans le délai de deux mois, à dater de la notification de l'arrêté du Conseil de préfecture.

« Il doit être statué sur le pourvoi dans le délai de deux mois à partir du jour de son enregistrement au secrétariat général du Conseil d'Etat. »

Le refus d'autorisation d'ester en justice a pour conséquence de faire condamner la commune par défaut, de laisser passer contre elle le jugement par défaut en force de chose jugée, si elle n'a pas formé opposition dans les délais prescrits par le Code de procédure.

ART. 127

(Pourvoi)

« En cas de pourvoi de la commune ou section contre la décision du Conseil de préfecture, le demandeur peut néanmoins introduire l'action ; mais l'instance est suspendue jusqu'à ce qu'il ait été statué par le Conseil d'Etat, ou jusqu'à l'expiration du délai dans lequel le Conseil d'Etat doit statuer. A défaut de décision rendue dans les délais ci-dessus impartis, la commune est autorisée à ester en justice. Mais en cas d'appel ou de pourvoi en cassation, il doit être procédé comme il est dit à l'art. **121**. »

MM. Roger Marvaise, Baragnon, Luro, Demôle ont, au Sénat, discuté cet article.

L'interprétation qui en résulte est celle-ci : « Une autorisation expresse n'est pas nécessaire à la commune qui veut interjeter appel ou se pourvoir en cassation ;

L'autorisation tacite est admise dans ces deux cas comme pour celui d'une action intentée en première instance ; c'est ce qui arrive lorsque le Conseil d'Etat n'a pas, dans les délais prescrits, statué sur le pourvoi de la commune.

ART. 128

(Sections — Commissions syndicales)

« Lorsqu'une section se propose d'intenter ou de soutenir une action judiciaire, soit contre la commune dont elle dépend, soit contre une autre section de la même commune, il est formé, pour la section et pour chacune des sections intéressées, une commission syndicale distincte. »

ART. 129

(Composition de la Commission syndicale)

« Les membres de la commission syndicale sont choisis parmi les éligibles de la commune, et nommés par les électeurs municipaux de la section qui l'habitent et par les personnes qui sans être portées sur la liste électorale, y sont propriétaires fonciers.

« Le préfet est tenu de convoquer les électeurs dans le délai d'un mois pour nommer une commission syndicale, toutes les fois qu'un tiers des habitants ou propriétaires de la section lui adresse à cet effet une demande motivée sur l'existence d'un droit litigieux à exercer au profit de la section, contre la commune ou une autre section de la commune.

« Le nombre des membres de la commission est fixé par l'arrêté qui convoque les électeurs.

« Ils élisent parmi eux un président chargé de suivre l'action. »

ART. 130

(Élection de la Commission syndicale)

« Lorsque le Conseil municipal se trouve réduit à moins du tiers de ses membres, par suite de l'abstention, prescrite par l'art. 64 des conseillers municipaux qui sont intéressés à la jouissance des biens et droits revendiqués par une section, le préfet convoque les électeurs de la commune, déduction faite de ceux qui habitent ou sont propriétaires sur le territoire de la section, à l'effet d'élire ceux d'entre eux qui doivent prendre part aux délibérations au lieu et place des conseillers municipaux obligés de s'abstenir. »

Note générale sur les articles 127, 128, 129 et 130

Afin de prévenir les lenteurs préjudiciables au demandeur, la loi exige, comme on vient de le voir, que l'arrêté du Conseil de Préfecture soit pris dans le délai de deux mois, à partir du dépôt du mémoire mentionné en l'article 126.

En cas de refus d'autorisation, la Commune peut se pourvoir devant le Conseil d'État. — Mais par une disposition spéciale prise également dans l'intérêt des Communes, le Conseil d'État doit statuer dans le délai de deux mois, à partir du jour de l'enregistrement du pourvoi au secrétariat général du Conseil d'État, et, à défaut de décision rendue dans ce délai, *la commune est autorisée à ester en justice.*

C'est là une innovation qui, comme nous le disions, est toute favorable aux communes. L'article 54 de la loi du 18 juillet 1837 disposait, au contraire, qu'en aucun cas la commune ne pourrait défendre à l'action qu'autant qu'elle y serait expressément autorisée.

Le défaut d'autorisation pouvait gravement compromettre les intérêts communaux.

L'article 127 de notre loi supplée au silence du Conseil d'État, et autorise la commune à plaider, ou à défendre, si, dans les délais qui ont été impartis, il n'a pas été statué sur le pourvoi.

Dans les articles 128, 129 et 130, le législateur s'est également préoccupé, par des dispositions spéciales, de régler la situation d'une section qui se trouverait dans le cas d'introduire une action judiciaire, soit contre la commune dont elle dépend, soit contre une autre section de la même commune, dans le but d'assurer la défense des droits en litige.

Si le procès s'engage entre une section et la commune, — une commission syndicale est formée pour la section.

Si le litige s'élève entre deux sections de la même commune, le Conseil municipal ne doit représenter ni l'une, ni l'autre. Il est formé un syndicat pour chacune de ces sections conformément à l'art. 129.

Les articles 56 et 57 de la loi de 1837 disposaient, pour le cas qui nous occupe, que la commission syndicale serait formée de trois ou cinq membres choisis par le Préfet parmi les électeurs municipaux, et à leur défaut, parmi les citoyens les plus imposés.

Sur ce point encore le législateur de 1884 a consacré une heureuse innovation en décidant que les membres de la commission syndicale seraient nommés, non plus par le Préfet, mais par les électeurs municipaux de la section qui l'habitent et par les personnes qui, sans être électeurs, y seraient propriétaires fonciers et auraient, comme contribuables, intérêt au litige.

Le même article indique en outre dans quel cas et dans quel délai la commission syndicale doit être nommée par les électeurs.

La convocation des électeurs aura lieu dans le délai d'un mois, toutes les fois qu'un tiers des habitants ou propriétaires de la section auront adressé au Préfet, chargé de cette convocation, une demande motivée sur l'existence de leur droit litigieux à exercer contre la commune ou contre la section.

Les membres ou la commission élisent parmi eux un président chargé de suivre l'action.

Enfin l'article 130 règle un dernier point : c'est le cas où, par suite de l'abstention obligatoire de conseillers municipaux intéressés au procès, le Conseil municipal de la commune, plaidant contre une section, se trouverait réduit à moins du tiers de ses membres. — Le Préfet convoque les électeurs de la commune, non compris bien entendu ceux qui appartiennent à la section, à l'effet de compléter le Conseil municipal, et d'élire de nouveaux membres pour remplacer ceux qui ont dû s'abstenir.

C'est là une disposition nouvelle, pleine de prévoyance, destinée à assurer l'indépendance du Conseil municipal et la représentation de tous les intérêts.

Nous devons ajouter, pour être complets, que la commune et les sections, qu'elles soient demanderesses ou défenderesses, devront toujours être autorisées à ester en justice, conformément aux règles que nous avons développées plus haut.

Art. 131

(Frais de procès)

« La section qui a obtenu une condamnation contre la commune ou une autre section, n'est pas passible des charges ou contributions imposées pour l'acquittement des frais et dommages-intérêts qui résultent du procès.

« Il en est de même à l'égard de toute partie qui plaide contre une commune ou section de commune. »

Les propriétaires fonciers et les électeurs municipaux de la section qui ont obtenu gain de cause dans un procès intenté à la commune sont exonérés de la portion de l'imposition afférente aux frais du procès.

Il en sera de même pour la partie qui aura gagné son procès contre la commune, si elle habite ou est propriétaire sur son territoire et est inscrite au rôle de l'une des quatre contributions directes.

CHAPITRE III

DU BUDGET COMMUNAL

RECETTES ET DÉPENSES

ART. 132

(Budget)

« Le budget communal se divise en budget ordinaire et en budget extraordinaire. »

Le budget est l'acte qui règle les diverses opérations de comptabili de la commune.

Il comprend les dépenses ordinaires, lesquelles se renouveller chaque année, et les dépenses extraordinaires qui ne se présenten qu'accidentellement.

Ces dépenses ordinaires se subdivisent elles-mêmes :

1° En dépenses obligatoires (art. 136) que l'autorité supérieure peut inscrire d'office au budget communal, dans le cas de refus du conseil municipal d'y pourvoir.

2° En dépenses facultatives ;

3° En dépenses imprévues.

D'où deux budgets : l'un le budget ordinaire comprendra les recettes et les dépenses ordinaires, l'autre le budget extraordinaire sera établi, d'après les recettes extraordinaires et les dépenses de même nature.

Chacun d'eux est aussi divisé en deux parties, l'une relative aux recettes, l'autre aux dépenses, sans qu'une certaine classe de recettes soit l'objet d'une affectation exclusive à une espèce particulière de dépenses.

ART. 133

(Budget ordinaire — Recettes)

« Les recettes du budget ordinaire se composent :

« 1° Des revenus de tous les biens dont les habitants n'ont pas la jouissance en nature ;

« 2° Des cotisations imposées annuellement sur les ayants droit aux fruits qui se perçoivent en nature ;

« 3° Du produit des centimes ordinaires et spéciaux affectés aux communes par les lois de finances ;

« 4° Du produit de la portion accordée aux communes dans certains des impôts et droits perçus pour le compte de l'État ;

« 5° Du produit des octrois municipaux affectés aux dépenses ordinaires ;

« 6° Du produit des droits de place perçus dans les halles, foires, marchés, abattoirs, d'après les tarifs dûment établis ;

« 7° Du produit des permis de stationnement et de location sur la voie publique, sur les rivières, ports et quais fluviaux et autres lieux publics ;

« 8° Du produit des péages communaux, des droits de pesage, mesurage et jaugeage, des droits de voirie et autres droits légalement établis ;

« 9° Du produit des terrains communaux affectés aux inhumations et de la part revenant aux communes dans le prix des concessions dans les cimetières ;

« 10° Du produit des concessions d'eau et de l'enlèvement des boues et immondices de la voie publique et autres concessions autorisées pour les services municipaux ;

« 11° Du produit des expéditions des actes administratifs et des actes de l'État civil ;

« 12° De la portion que les lois accordent aux communes dans les produits des amendes prononcées par les tribunaux de police correctionnelle et simple police ;

« 13° Du produit de la taxe de balayage dans les communes de France et d'Algérie où elle sera établie, sur leur demande, conformément aux dispositions de la loi du 26 mars 1873, en vertu d'un décret rendu dans la forme des règlements d'administration publique ;

« 14° Et généralement du produit des contributions, taxes et droits dont la perception est autorisée par les lois dans l'intérêt des communes et de toutes les ressources annuelles et permanentes ; en Algérie et dans les colonies, des ressources dont la perception est autorisée par les lois et décrets.

« L'établissement des centimes pour insuffisance de revenus est autorisé par arrêté du préfet lorsqu'il s'agit de dépenses obligatoires.

« Il est approuvé par décret dans les autres cas. »

L'article 133 comprend l'énumération de toutes les recettes qui concourent à l'établissement du budget ordinaire.

Par le vote du paragraphe 9, a été attribué aux communes le produit des terrains communaux affectés aux inhumations. Les fabriques perdent tout droit sur leurs fruits. Il n'existe plus de différence entre les fruits naturels et les fruits spontanés. Tous appartiendront à la commune.

En ce qui concerne les concessions dans les cimetières, il est bien entendu que les dispositions des lois antérieures, qui attribuent aux établissements de bienfaisance une part dans le prix des concessions dans les cimetières, sont maintenues. Le sens de la deuxième partie du paragraphe 9 a été ainsi précisé par le rapporteur, *M. de Marcère*, qui a réservé expressément les droits résultant pour les établissements de bienfaisance des lois existantes.

On sait que le prélèvement en faveur des établissements est *du tiers* du produit des concessions.

En outre, le deuxième alinéa du numéro 14 n'était pas dans le texte de la loi de 1837. Il est très explicite. Toutefois, il me semble utile de faire remarquer qu'on ne doit pas comprendre dans le maximum des centimes fixés par le Conseil général ceux qui grèvent la commune pour *faire face à des dépenses annuelles.*

En dehors de ces modifications, les autres numéros, s'ils ne sont pas identiques au texte de la loi de 1837, rentrent du moins dans son esprit. Ils ne nécessitent que de rapides développements.

N° 4. Il est prélevé sur le principal du décompte de la contribution des patentes, dressé chaque année au mois de juillet, huit centimes dont le produit est versé dans la caisse municipale (art. 32. Loi, 25 avril 1844.)

Les communes ont droit à 1/20 du produit de l'impôt sur les voitures et les chevaux, déduction faite des dégrèvements accordés.

La loi du 3 mai 1844 sur la police de la chasse attribue aux communes la somme de 10 francs sur le prix des permis de chasse délivrés sur l'avis du maire.

N° 5. La rédaction du numéro 5, qui est devenue définitivement le texte de la loi, a donné lieu à plusieurs modifications dans le cours de la discussion, tant à la Chambre des députés qu'au Sénat.

La rédaction proposée par la commission de la Chambre des députés affectait, comme l'a sanctionné la loi actuelle, les produits des octrois municipaux, soit à des dépenses ordinaires, soit à des dépenses extraordinaires, suivant leur destination.

En première lecture, au Sénat, M. Demôle, rapporteur de la commission, a proposé de revenir au système de la loi de 1837, — système que les diverses administrations n'ont jamais appliqué, il est vrai, — système qui déclarait que tous les produits de l'octroi sont des recettes ordinaires. Il a demandé la suppression des mots « affectés aux dépenses ordinaires » et comme conséquence, la suppression du n° 7 de l'article 137 qui est relatif au produit de l'octroi affectés à des dépenses extraordinaires.

Le caractère des recettes de l'octroi, considérées comme recettes ordinaires ou comme recettes extraordinaires, dépendait, d'après le texte de la Chambre — adopté définitivement — de l'affectation qui en est faite par les Conseils municipaux. Si les assemblées communales emploient les recettes d'octroi à des dépenses ordinaires, ce seront des dépenses ordinaires; si elles les appliquent à des dépenses extraordinaires, les recettes devront, pareillement, être inscrites au chapitre du budget extraordinaire.

Le Sénat avait tout d'abord rejeté cette disposition.

En deuxième lecture il avait décidé que les taxes additionnelles et les surtaxes d'octroi seraient comprises, seules, parmi les recettes extraordinaires du budget.

Mais, la Chambre ayant maintenu ses premières dispositions, le Sénat s'est rallié, lorsque la loi lui fut renvoyée, à l'interprétation de la Chambre des députés.

Le rapporteur du Sénat s'est exprimé en ces termes :

« Messieurs, dans votre délibération, vous aviez, au point de vue de la répartition entre le budget ordinaire et le budget extraordinaire, divisé les taxes d'octroi suivant leur nature.

Vous aviez dit que les taxes principales d'octroi figureraient dans les recettes ordinaires et que les taxes additionnelles et surtaxes entreraient dans le budget extraordinaire.

La Chambre des députés a fait une nouvelle classification; c'est d'après l'affectation du produit des taxes municipales qu'elle établit la distinction entre les deux budgets. Elle applique au budget ordinaire les produits des octrois municipaux qui sont affectés aux dépenses ordinaires; par contre, elle reporte dans le budget extraordinaire le produit de toutes les taxes additionnelles ou surtaxes qui sont affectées à des dépenses extraordinaires.

Votre commission, Messieurs, a discuté assez longuement sur le point de savoir quel était celui de ces deux modes de répartition qui devait mériter la préférence. Il ne lui a pas paru qu'il y eût là un intérêt bien considérable.

Il est certain cependant — et c'est ce qui peut justifier la réduction proposée par la Chambre des députés — que des taxes additionnelles d'octroi peuvent être votées en vue de subvenir à des dépenses ordinaires; et alors on n'aperçoit pas très bien pourquoi des taxes, même additionnelles, affectées à des dépenses ordinaires, peuvent venir trouver place dans le budget ordinaire des recettes.

Quel intérêt, au point de vue de la comptabilité, au point de vue des intérêts communaux, s'attache à ces deux systèmes, qui consistent à distinguer les recettes d'octroi suivant leur nature ou suivant l'affectation qu'on fait des produits à certain ordre de dépenses.

Nous nous en sommes entretenus longuement, et nous n'avons pas cru qu'il y eût lieu de maintenir une difficulté de ce chef. Nous avons pensé que ce qu'il y avait de mieux à faire pour éviter une cause de contestation sur un point qui n'en vaut guère la peine, c'était de se rallier purement et simplement à la rédaction de la Chambre des députés. C'est là ce que nous avons l'honneur de proposer au Sénat. »

N° 6. Les droits de visite sur la viande venant morte de l'extérieur constituent, également, pour les communes une recette ordinaire.

N° 7. Une difficulté s'est élevée sur le point de savoir si les dispositions du paragraphe 7 visaient exclusivement les voies publiques, ports, rivières, dépendant du domaine communal.

Le texte de la commission était celui-ci : « 7° du Produit... et autres lieux publics, *dépendant du domaine communal.* »

Est-ce à dire, par exemple, a fait observer *M. Margue*, sous-secrétaire d'État à l'intérieur, que les recettes qui seraient perçues sur telles locations s'appliquant à une route traversant un village, ne resteraient pas dans la caisse communale?

Les routes ne font cependant pas partie du domaine communal, et cependant il arrive chaque jour que des places sur ces routes sont louées par les communes qu'elles traversent. Allez-vous distraire le prix de ces places des recettes communales? Il y aurait là un péril, et je ne crois pas que telle puisse être votre pensée. La question aurait besoin d'être élucidée.

La commission reconnaissant les inconvénients qui résulteraient pour les communes de cette limitation a décidé de renoncer à l'addition qu'elle avait tout d'abord proposée de ces mots « *dépendant du domaine public* ».

On a ainsi conservé la législation de la loi de *Frimaire* an VII, dont les dispositions ont été successivement reproduites dans l'article 31 de la loi du 18 juillet 1837 et dans l'article 1er de celle du 14 juillet 1867.

Le produit est donc réservé aux communes. On a ainsi maintenu pour elles un avantage précieux pour équilibrer leurs budgets.

Mais s'il s'agit de la perception d'un produit qui est la conséquence d'une occupation absolument momentanée, impersonnelle, non opposable aux tiers, soumise à la seule police des municipalités, en d'autres termes, une occupation qui revêt le caractère d'un simple droit de place, dans cette hypothèse, le produit perçu appartiendra à la commune, quel que soit la nature du terrain occupé, route nationale, ports, rivières et autres lieux publics.

Si, au contraire, il s'agit d'une occupation ayant un caractère plus ou moins long de continuité ou de permanence, d'une exception conférant — (comme on en trouve des exemples dans l'établissement d'un bain flottant sur une rivière, d'un ponton amarré au quai) — un droit personnel, privatif, opposable aux tiers et même à l'Etat, alors cette occupation, quoique toujours précaire du domaine public, constitue véritablement une location qui ne saurait rentrer dans la catégorie des droits réservés aux communes par la loi de 1837 et de frimaire an VII, et le produit perçu doit appartenir à l'Etat.

N° 11. Généralement les produits des expéditions des actes administratifs et des actes de l'état civil sont retenus par les secrétaires de mairie, au lieu d'être versés à la caisse municipale. C'est une irrégularité grave, principalement dans les grands centres où ce produit est souvent assez élevé, que la Cour des comptes relève chaque année, chez un grand nombre de municipalités et qu'elle signale aux préfets comme un abus qui doit cesser. Après avertissement, la responsabilité du maire qui n'en tiendrait aucun compte serait engagée.

N° 12. Ce produit se compose : 1° des amendes de simple police qui sont versées dans la caisse de la commune où la contravention a été commise, distraction faite des remises des receveurs municipaux ;

« 2° Des amendes de police correctionnelle qui sont versées dans la caisse des receveurs des finances pour former un fonds commun mis à la disposition du préfet, applicable, après que les frais de poursuite tombés en non valeurs et les taxations dues aux greffiers auront été prélevés :

« *a* » Pour un tiers au service des enfants assistés.

« *b* » Pour un tiers aux dépenses des communes pauvres qui ont à pourvoir à des besoins extraordinaires.

« *c* » Pour le dernier tiers au paiement de l'abonnement des communes, chefs-lieux de canton au *Journal officiel*.

Il est à remarquer que la totalité des amendes prononcées par les tribunaux, pour délit de chasse, est attribuée aux communes, deduction faite de la gratification accordée à l'agent qui a constaté le délit.

Les amendes de grande voirie et celles prononcées en matière d'octroi, appartiennent aux communes pour la part qui leur est attribuée par les règlements spéciaux à ces services.

Il en est de même des amendes prononcées contre les receveurs municipaux en retard pour présenter leurs comptes.

En matière de roulage, les amendes sont attribuées aux communes jusqu'à concurrence des 2/3 ou même de la totalité, suivant le cas, lorsque la contravention concerne un chemin vicinal ou de grande communication. (Loi du 30 mai 1851. Art. 28.)

Les amendes infligées pour fraude dans la vente des marchandises sont attribuées pour les 2/3 aux communes où les délits ont été commis. (Loi du 27 mars 1851. Art. 8.) Le surplus appartient au fonds commun mis à la disposition du préfet.

N° 13. Le nouveau numéro 13 consacre une innovation très importante. C'est sur les observations de M. Leguay, qu'en seconde lecture le Sénat a introduit dans les recettes ordinaires, la taxe du balayage.

D'après les règlements locaux ou les anciens usages, les propriétaires sont obligés de balayer le devant de leur propriété dans la traversée des villes et d'assurer le nettoiement de la moitié de la chaussée.

La loi de mai 1873 a permis de convertir cette charge en une taxe spéciale. Mais cette loi ne visait que Paris. Désormais elle pourra être appliquée à tous les grands centres de population, dans les villes qui justifieront de leur importance.

Art. 134

(Budget extraordinaire — Recettes)

« Les recettes du budget extraordinaire se composent :

« 1° Des contributions extraordinaires dûment autorisées ;

« 2° Du prix des biens aliénés ;

« 3° Des dons et legs ;

« 4° Du remboursement des capitaux exigibles et des rentes achetées ;

« 5° Du produit des coupes extraordinaires de bois ;

« 6° Du produit des emprunts ;

« 7° Du produit des taxes ou des surtaxes d'octroi, spécialement affectées à des dépenses extraordinaires et à des remboursements d'emprunts ;

« 8° Et de toutes autres recettes accidentelles. »

Il résulte de la discussion que certaines taxes additionnelles et surtaxes d'octroi, peuvent rentrer parmi les recettes ordinaires. (*M. Antonin Dubost.*)

Après avoir passé en revue et donné le dénombrement de toutes les recettes qui constituent le revenu normal ordinaire de la commune, sur lesquelles celle-ci peut généralement compter, la loi, dans l'art. 134, fournit la nomenclature des recettes extraordinaires, c'est-à-dire de celles qui ne se produisent que rarement et à des intervalles plus ou moins longs comme les coupes extraordinaires des bois de réserve, les dons et legs, le remboursement des capitaux exigibles ou de rentes achetées et de celles que, dans certains cas d'absolue nécessité, la loi permet aux communes de se procurer, soit au moyen de contributions extraordinaires dûment autorisées, soit au moyen d'emprunts ou de ventes d'immeubles, soit au moyen des taxes additionnelles, ou des surtaxes d'octroi et de toute autre recette accidentelle.

Il est de règle que la commune ne peut avoir recours à la ressource extrême de la contribution extraordinaire, de l'emprunt, ou de la vente qu'après avoir épuisé les centimes ordinaires et spéciaux autorisés par lois.

Une commune *peut* donc s'imposer extraordinairement pour ses dépenses ordinaires, lorsque ses ressources normales sont insuffisantes; elle *y est tenue* lorsqu'il s'agit de subvenir à toute dépense obligatoire, et dans le cas où elle se refuserait à voter les fonds nécessaires, comme lorsqu'il s'agit des dépenses de l'instruction publique, la loi donne à l'administration supérieure le droit de l'imposer d'office.

Art. 135

(Budgets ordinaire et extraordinaire — Dépenses)

« Les dépenses du budget ordinaire comprennent les dépenses annuelles et permanentes d'utilité communale ;

« Les dépenses du budget extraordinaire comprennent les dépenses accidentelles ou temporaires qui sont imputées sur les recettes énumérées à l'art. 134 ou sur l'excédant des recettes ordinaires. »

Lorsque le budget d'une commune aura en balance un excédant de recettes ordinaires sur les dépenses de même nature, cet excédant pourra être affecté, par délibération municipale, au paiement des dépenses extraordinaires. Ces ressources seront ainsi portées en recettes et en dépenses aux chapitres additionnels du budget.

Nous venons de voir, par les articles qui précèdent, que le budget des recettes d'une commune se divise en deux parties : recettes ordinaires et recettes extraordinaires. De même le budget des dépenses comporte une division analogue et comprend les dépenses ordinaires et les dépenses extraordinaires.

Notre article en donne une définition très exacte. Les dépenses annuelles et permanentes d'utilité communale doivent figurer au budget ordinaire et être couvertes à l'aide des recettes énumérées sous l'art. 133.

Les dépenses extraordinaires sont celles qui, étant accidentelles et temporaires, nécessitent l'emploi des ressources extraordinaires dont l'art. 134 contient l'énumération, lorsqu'on ne peut y faire face avec l'excédent des recettes ordinaires.

Lors donc que le budget d'une commune aura en balance un excédent de recettes ordinaires sur les dépenses de même nature, cet excédent pourra être affecté au paiement des dépenses extraordinaires, avant de recourir aux moyens extrêmes des contributions extraordinaires ou des emprunts.

La loi considère encore les dépenses sous un autre rapport, elle les divise, suivant leur caractère, en dépenses facultatives ou obligatoires.

Cette division était nécessaire. Les Conseils municipaux sont libres de ne pas voter les dépenses ayant un caractère facultatif. Au contraire, les dépenses obligatoires sont celles qui comprennent, d'une manière générale, les frais d'administration des biens communaux, et toutes celles mises à la charge des communes par une disposition de loi; elles sont énumérées dans l'article 136, ci-après. Il n'est pas permis à une commune de s'y soustraire, et si un Conseil municipal refusait de pourvoir à une de ces dépenses, le préfet devrait la porter d'office au budget.

Art. 136

(Dépenses obligatoires)

« Sont obligatoires pour les communes les dépenses suivantes :

« 1° L'entretien de l'hôtel de ville, ou, si la commune n'en possède pas, la location d'une maison ou d'une salle pour en tenir lieu;

« 2° Les frais de bureau et d'impressions pour le service de la commune, de conservation des archives communales et du recueil des actes administratifs du département; les frais d'abonnement au *Bulletin des communes* et, les frais d'abonnement et de conservation du *Bulletin des lois* pour les communes chefs-lieux de canton;

« 3° Les frais de recensement de la population; ceux des assemblées électorales qui se tiennent dans les communes et ceux des cartes électorales;

« 4° Les frais des registres de l'état civil et des livrets de famille et la portion de la table décennale des actes de l'état civil à la charge de la commune;

« 5° Le traitement du receveur municipal, du préposé en chef de l'octroi et les frais de perception ;

« 6° Les traitements et autres frais du personnel de la police municipale et rurale et des gardes des bois de la commune ;

« 7° Les pensions à la charge de la commune, lorsqu'elles ont été régulièrement liquidées et approuvées ;

« 8° Les frais de loyer et de réparation du local de la justice de paix ainsi que ceux d'achat et d'entretien de son mobilier dans les communes chefs-lieux de canton ;

« 9° Les dépenses relatives à l'instruction publique, conformément aux lois ;

« 10° Le contingent assigné à la commune, conformément aux lois, dans la dépense des enfants assistés et des aliénés ;

« 11° L'indemnité de logement aux curés et desservants et ministres des autres cultes salariés par l'État, lorsqu'il n'existe pas de bâtiment affecté à leur logement et lorsque les fabriques ou autres administrations préposées aux cultes ne pourront pourvoir elles-mêmes au payement de cette indemnité.

« 12° Les grosses réparations aux édifices communaux, sauf, lorsqu'ils sont consacrés aux cultes, l'application préalable des revenus et ressources disponibles des fabriques à ces réparations, et sauf l'exécution des lois spéciales concernant les bâtiments affectés à un service militaire ;

« S'il y a désaccord entre la fabrique et la commune, quand le concours financier de cette dernière est réclamé par la fabrique dans les cas prévus aux paragraphes 11 et 12, il est statué par décret sur les propositions des ministres de l'intérieur et des cultes;

« 13° La clôture des cimetières, leur entretien et leur translation dans les cas déterminés par les lois et règlements d'administration publique ;

« 14° Les frais d'établissement et de conservation des plans d'alignement et de nivellement ;

« 15° Les frais et dépenses des conseils de prud'hommes pour les communes comprises dans le territoire de leur juridiction et proportionnellement au nombre des électeurs inscrits sur les listes électorales spéciales à l'élection, et les menus frais des chambres consultatives des arts et manufactures pour les communes où elles existent ;

« 16° Les prélèvements et contributions établis par les lois sur les biens et revenus communaux ;

« 17° L'acquittement des dettes exigibles ;

« 18° Les dépenses des chemins vicinaux dans les limites fixées par la loi ;

« 19° Dans les colonies régies par la présente loi, le traitement du secrétaire et des employés de la mairie; les contributions assises sur les biens communaux; les dépenses pour le service de la milice, qui ne sont pas à la charge du Trésor;

« 20° Les dépenses occasionnées par l'application de l'article 85 de la présente loi, et généralement de toutes les dépenses mises à la charge des communes par une disposition de loi. »

Les numéros 1 à 10 de cet article n'ont donné lieu à aucune difficulté sérieuse.

Mais contrairement au texte voté par la Chambre, le Sénat avait ajouté, comme dépenses obligatoires, deux articles nouveaux:

1° L'indemnité de logement aux curés, desservants et ministres des autres cultes salariés par l'État, lorsqu'il n'existe pas de bâtiment affecté à leur logement ;

2° Les secours aux fabriques d'églises et autres administrations préposées aux cultes dont les ministres sont salariés par l'Etat, en cas d'insuffisance de leurs revenus, justifiés par leur compte et budget.

Le projet de la commission de la Chambre des députés supprimait l'indemnité de logement et les secours aux fabriques du nombre des dépenses obligatoires, malgré l'amendement de M. Freppel qui en avait demandé le rétablissement.

La Commission du Sénat proposa, en seconde lecture, de rétablir l'indemnité de logement, mais de maintenir la suppression des secours aux fabriques.

Votre Commission, disait l'honorable *M. Demôle*, rapporteur, ne peut accepter la suppression de l'indemnité de logement aux curés et desservants et ministres des autres cultes salariés par l'Etat, lorsqu'il n'existe pas de bâtiment affecté à leur logement.

Cette dépense était inscrite comme obligatoire dans la loi du 18 juillet 1837. La suppression de cette indemnité établirait, entre les ministres des cultes pourvus de presbytères et ceux qui n'en ont pas, une inégalité choquante que rien ne peut motiver.

En ce qui touche les secours aux fabriques, *M. Demôle* s'exprimait en ces termes:

« Un des membres de la Commission a demandé le rétablissement du n° 14 de l'article 30 de la loi du 18 juillet 1837, aux termes duquel les dépenses obligatoires comprenaient les secours aux fabriques des églises et autres administrations préposées aux cultes dont les ministres sont salariés par l'Etat, en cas d'insuffisance de leurs revenus justifiés par leurs comptes et budgets.

A l'appui de cette proposition, il a été dit, d'une part, que l'obligation pour les communes de subvenir aux insuffisances des budgets des fabriques était une conséquence implicite sans doute, mais directe et nécessaire de l'application du Concordat ; et, d'autre part, qu'il y aurait danger à séparer les communes en deux camps ; celles qui subventionneront les cultes et celles qui s'y refuseront.

Mais on a pensé que sur le terrain du Concordat rien n'impliquait pour l'État ni pour les communes, l'obligation de concourir à des dépenses de cette nature, et que la paix publique n'avait rien à redouter de la diversité d'appréciation qui pouvait se manifester au sein des Conseils municipaux.

Cette proposition a donc été repoussée.

A son tour, la Chambre des députés, appelée à s'expliquer de nouveau, s'est rangée à l'avis du Sénat ; — elle a maintenu l'indemnité de logement au nombre des dépenses obligatoires dans les conditions déterminées par le décret du 30 décembre 1809, et elle a confirmé la suppression des secours aux fabriques et aux administrations préposées aux cultes, en cas d'insuffisance de leurs revenus.

Quant aux grosses réparations des édifices consacrés au culte, le Parlement a maintenu la législation en vigueur, les communes en sont chargées, mais seulement à titre subsidiaire, quand les fabriques ou autres administrations préposées au culte sont dans l'impuissance d'y subvenir avec leur ressources propres.

Ainsi le Parlement a maintenu, parmi les dépenses obligatoires des communes, l'indemnité de logement aux ministres des différents cultes, lorsque la fabrique aura justifié de l'insuffisance de ses revenus. C'est la théorie consacrée par le Conseil d'État (Avis du Conseil d'État, question générale, 21 août 1839, rapporteur *M. Vuillefroy*) et par la circulaire du Ministre de l'intérieur, 1840.

En second lieu, il a consacré, pour les communes, l'obligation de faire face à toutes les grosses réparations des édifices consacrés au culte, dans la même hypothèse, c'est-à-dire en cas d'insuffisance des revenus de fabriques.

Quant à la troisième catégorie de dépenses, c'est-à-dire les frais du culte proprement dits, les Chambres ont décidé, qu'en cas d'insuffisance des ressources des fabriques, c'est-à-dire dans l'hypothèse où ces fabriques viendront frapper à la porte de la caisse des communes, *Cette dépense n'aura plus que le caractère facultatif et non le caractère obligatoire.*

Le système actuellement en vigueur résulte de la combinaison du décret du 30 décembre 1809 et de la loi du 18 juillet 1837, en s'en écartant toutefois sur ce point qu'elle affranchit les Communes de toute contribution obligatoire aux frais du culte et aux réparations d'entretien des bâtiments qui y sont consacrés.

Le Sénat a ajouté, par addition, dans le numéro 12 voté par la Chambre, aux mots « revenus et ressources » celui-ci « disponibles » établissant ainsi que les ressources des fabriques et autres administrations préposées aux cultes ne peuvent être appliquées aux indemnités de logement et aux grosses réparations qu'après qu'il a été pourvu aux frais du culte et aux dépenses d'entretien des bâtiments.

Enfin, à la suite de ce numéro 12, le Sénat a inscrit une disposition complémentaire ayant pour objet de régler les difficultés qui peuvent s'élever avec les communes relativement à leur concours financier. Il est statué par décret sur les propositions des ministres de l'intérieur et des cultes.

Les autres dispositions ne diffèrent pas sensiblement du texte de la loi de 1837. Il y a toutefois quelques innovations.

« Le numéro 3 comprend les frais des assemblées électorales qui se tiennent dans les communes, ainsi que ceux des cartes électorales ;

« Le numéro 4, la dépense des livrets de famille ;

« Le numéro 11, celle des aliénés.

« Enfin le numéro 15 règle la proportion dans laquelle seront répartis les frais et dépenses des Conseils de prud'hommes.

« Au numéro 6 le Sénat a ajouté ces mots : « la police rurale ». La commune aujourd'hui est absolument libre d'avoir ou de ne pas avoir de garde-champêtre. Et, quand elle s'est donné ce fonctionnaire, elle est libre, par une délibération postérieure, de supprimer l'office sur son territoire. Ce que veut dire la loi, c'est que, quand une commune s'est donné un garde-champêtre, tant qu'elle éprouve le besoin d'avoir cet agent dans sa police municipale, tant qu'elle le conserve, elle n'a pas la faculté de lui refuser son traitement.

Là où il y a un garde-champêtre, son traitement est obligatoire. Si le Sénat a adopté l'adjonction de ce mot « rurale », c'est afin d'exiger des communes l'obligation nécessaire, impérieuse, d'inscrire son traitement au budget.

Telles sont les modifications que l'article 136 apporte aux dispositions de l'article 30 de la loi du 18 juillet 1837.

(Observations générales sur les réparations d'entretien et les grosses réparations des édifices consacrés au culte)

Réparations d'entretien. — Un très intéressant débat s'est engagé relativement aux dépenses d'entretien et aux grosses réparations des édifices consacrés au culte.

On avait proposé à la Chambre des députés, par voie d'amendement, de mettre au nombre des dépenses obligatoires des communes l'*entretien* des édifices religieux reconnus par l'État. A ceux qui opposent le droit commun d'après lequel les réparations d'entretien incombent à l'usufruitier, de même que les réparations locatives incombent au locataire, on répondait qu'il fallait, pour être conséquent, appliquer ce même droit commun pour les grosses réparations, c'est-à-dire les mettre à la charge des communes : ce qui compromettrait gravement leur situation.

Il est nécessaire de rappeler que la jurisprudence jusqu'ici en vigueur résultait de la combinaison du décret de 1809 et de la loi du 18 juillet 1837.

L'art. 30 de la loi du 18 juillet 1837 imposait aux communes comme dépenses obligatoires : les secours aux fabriques, en cas d'insuffisance de leurs revenus, et les grosses réparations des édifices communaux.

La Chambre des députés avait innové en ce sens seulement qu'elle affranchissait les communes de toute contribution *obligatoire*, aux frais du culte et aux réparations d'*entretien* des bâtiments qui y sont consacrés.

A l'art. 130 du projet de loi, on proposa donc d'ajouter un paragraphe ainsi conçu :

Sont obligatoires pour les communes : L'entretien des édifices religieux des divers cultes reconnus par l'État, appartenant aux communes lorsque les fabriques et administrations analogues *ne pourront y pourvoir elles-mêmes.*

On disait, à l'appui de cet amendement : en droit commun, le propriétaire peut, il est vrai, forcer l'usufruitier à faire les réparations d'entretien ; mais il n'existe aucun rapport entre l'usufruitier de droit commun, réglé par le Code civil et l'usufruit spécial des édifices affectés au culte. La fabrique et la commune ne sont pas, l'une vis-à-vis de l'autre, dans la situation d'un propriétaire et d'un usufruitier ordinaire.

En droit commun, le propriétaire peut faire prononcer par les tribunaux l'extinction de l'usufruit pour cause d'abus. Quelle est la commune qui pourra user d'un pareil droit envers une fabrique, et qui voudra rentrer en possession de l'immeuble, à la charge de payer des indemnités équivalentes à la valeur de l'usufruit !...

Et quant aux fabriques pauvres, qui sont les plus nombreuses, comment les forcer aux frais d'entretien, quand il n'y a rien dans la caisse ? et lorsque l'église est une propriété communale, la commune n'a-t-elle pas intérêt à sa conservation ?

Enfin, ajoutait-on, d'après l'art. 92 du décret du 30 novembre 1809, les charges des communes sont de suppléer à l'insuffisance des revenus de la fabrique pour les dépenses portées en l'article 37, c'est-à-dire de fournir à l'*entretien*, aux grosses réparations, aux reconstructions des presbytères et des édifices consacrés au culte. Ces considérations doivent paraître assez puissantes pour assurer le succès de l'amendement.

A quoi on a répondu : Il n'y a pas, en effet, d'analogie complète, d'identité parfaite entre les fabriques et un usufruitier ordinaire. Mais il y a un principe général qui impose à celui qui jouit gratuitement d'un immeuble et dans son propre intérêt, l'obligation de faire les dépenses d'entretien. Telle est la situation des fabriques.

Vainement on objecte que la dispense pour les communes de l'*obligation* de pourvoir aux réparations d'entretien amènera ce résultat que les communes pourront se trouver plus lourdement grevées en ayant à subvenir à de grosses réparations que de minimes réparations d'entretien auraient pu facilement prévenir. — Le remède à cette situation se trouve dans la loi elle-même. A la vérité, elle ne maintient pas les réparations d'entretien à titre de dépenses *obligatoires*. — Mais elle laisse aux communes la faculté de les voter et de les faire si elles jugent y avoir intérêt. Il faut laisser aux communes la libre disposition de leurs revenus et leur permettre d'en disposer conformément à leur intérêt dont elles sont les meilleurs juges.

L'amendement a été rejeté et les frais d'entretien n'ont point été admis comme dépense obligatoire.

Grosses réparations. — Quant aux grosses réparations, aux termes du décret du 30 décembre 1809 et de la loi de 1837 elles n'étaient dues par les communes qu'en cas d'insuffisance des deniers des fabriques qui devaient principalement y pourvoir.

La Commission du Sénat voulut déroger à cet état de choses créé par l'ancienne législation et y substituer un nouveau système aux termes duquel les grosses réparations seraient en totalité à la charge des communes, quelles que fussent d'ailleurs les ressources des fabriques.

Ce système était tout à la fois contraire aux principes du droit et à l'intérêt des communes, et a été vivement combattu par *M. Emile Lenoël*, qui s'est attaché à démontrer que les fabriques n'ont jamais été des usufruitières.

Les fabriques, en effet, sont d'après l'ancien droit et même d'après le droit nouveau les administratrices, pour le compte du pouvoir communal, des édifices consacrés au culte, et ce, en vertu des lois concordataires et en vertu des décisions de l'Etat. — C'est donc comme administratrice d'une partie des biens de la commune qu'agit la fabrique; elle est chargée de veiller à l'exercice du culte, d'encaisser les revenus des biens, de percevoir les redevances auxquelles donnent droit certaines cérémonies du culte, et comme contre-partie, de faire toutes les dépenses que nécessitent ces cérémonies et les édifices dans lesquels il est célébré.

Beaucoup de fabriques ont des revenus considérables ; quel doit en être l'emploi? pourvoir aux besoins du culte, et naturellement aux grosses réparations des édifices qui y sont consacrés. — Tel est le droit.

L'intérêt des communes est évident. On a établi, en effet, qu'en 1883, les fabriques avaient contribué pour une somme de 4,566,000 fr. à de grosses réparations, tandis que la dépense des communes à cet égard avait été de 5,154,066 francs. — C'est-à-dire que les fabriques avaient contribué pour près de moitié de la dépense. Pourquoi grever les communes d'une charge nouvelle, alors que les fabriques ont des ressources qui leur permettent de ne point faire appel au concours des communes?

Aussi, soit au point de vue du principe, soit au point de vue de l'équité, il est incontestable que les fabriques doivent rester dans l'obligation de faire les grosses réparations et de ne pouvoir se retourner vers les communes qu'en cas d'insuffisance de leurs deniers.

C'est ce système qui a triomphé au Sénat comme à la Chambre.

Art. 137

(Octroi — Surtaxes)

« L'établissement des taxes d'octroi votées par les Conseils municipaux, ainsi que les règlements relatifs à leur perception, sont autorisés par des décrets du président de la République rendus en Conseil d'État, après avis du Conseil général ou de la Commission départementale dans l'intervalle des sessions.

« Il en sera de même de toute délibération portant augmentation ou prorogation de taxe pour une période de plus de cinq ans.

« Les délibérations concernant :

« 1° Les modifications aux règlements ou aux périmètres existants;

« 2° L'assujettissement à la taxe d'objets non encore imposés au tarif local;

« 3° L'établissement ou le renouvellement d'une taxe non comprise dans le tarif général;

« 4° L'établissement ou le renouvellement d'une taxe excédant le maximum fixé par ledit tarif général;

« Doivent être pareillement approuvées par décret du président de la République, rendu en Conseil d'État, après avis du Conseil général ou de la Commission départementale dans l'intervalle des sessions.

« Les surtaxes d'octroi sur les vins, cidres, poirés, hydromels et alcools, au delà des proportions déterminées par les lois spéciales concernant les droits d'entrée du Trésor, ne peuvent être autorisées que par une loi. »

Sous le régime de la loi de 1871 sur les Conseils généraux, le Conseil général était préalablement saisi des délibérations des Conseils municipaux en matière d'octroi.

La Chambre des députés avait dispensé les délibérations municipales concernant le régime des octrois de cet avis du Conseil général, voulant ainsi supprimer les délais trop longs que la législation antérieure imposait aux communes pour arriver à la perception des taxes d'octroi.

Mais le Sénat a pensé qu'il était bon, dans toutes ces questions d'octroi, d'associer le Conseil général aux décisions rendues par l'autorité supérieure. Mais, comme les conseils généraux ne siègent que deux fois par an, en sessions séparées, à longs intervalles, et que les questions d'octroi peuvent être urgentes, on a donné le droit d'appréciation et d'avis aux Commissions départementales. Cette innovation permettra d'aller plus vite. Les Commissions départementales se réunissent tous les mois; par conséquent, toutes les délibérations des communes qui voudront apporter une modification à leur régime d'octroi leur seront soumises, et ensuite adressées au Conseil d'État. Il n'y aura donc plus de retard.

Si le Conseil général ou la Commission départementale donne un avis défavorable, le pouvoir exécutif statuera. Le Président de la République pourra adopter une décision différente, mais enfin, il en résultera cet avantage, que la question sera éclairée, et que l'appréciation du Président de la République et du Conseil d'État sera rendue plus facile.

La solution définitive de certaines modifications au règlement des octrois municipaux, qui sont comprises dans le texte de notre art. 137, appartenait, sous l'empire de la loi de 1871, aux Conseils généraux. Désormais toutes les décisions devront être approuvées par décret rendu en Conseil d'État.

A cet article a été ajouté un paragraphe additionnel concernant les surtaxes d'octroi.

Les surtaxes sont les droits perçus par les communes : « 1° au delà de la taxe d'entrée en principal pour les alcools; 2° au delà du double d'entrée en ce qui concerne les vins, cidres, poirés et hydromels. »

La rédaction de ce paragraphe, à laquelle s'est arrêtée la commission du Sénat, d'accord avec le gouvernement, a l'avantage de rappeler les dispositions antérieures relatives aux surtaxes et de pouvoir s'appliquer à toutes modifications législatives ultérieures sur la matière.

La Chambre des députés avait adopté la rédaction suivante : « Toute taxe ou surtaxe d'octroi excédant le maximum fixé par le tarif général, et qui, en même temps, dépasserait les proportions déterminées par les lois spéciales en vigueur, ne pourra être établie que par une loi. »

Mais comme les maxima du tarif général s'appliquent à des objets différents de ceux sur lesquels ont statué les lois spéciales, on ne pouvait prévoir l'hypothèse d'une taxe dépassant le maximum du tarif général, et, en même temps, les proportions déterminées par les lois spéciales.

Il est d'ailleurs reconnu qu'il ne peut y avoir de surtaxe, au sens juridique du mot, que sur les alcools, vins, cidres, poirés et hydromels.

Le paragraphe additionnel a donc l'avantage de la clarté et de l'exactitude.

Les surtaxes d'octroi ne peuvent être autorisées que par une loi.

Art. 138

(Suppression ou diminution des taxes d'octroi)

« Sont exécutoires, sur l'approbation du préfet, conformément aux dispositions de l'article 69 de la présente loi, mais toutefois après avis du Conseil général, ou de la commission départementale dans l'intervalle des sessions, les délibérations prises par les conseils municipaux concernant la suppression ou la diminution des taxes d'octroi. »

Les délibérations portant suppression ou diminution des taxes d'octroi doivent être approuvées par le préfet. La Chambre avait classé ces délibérations parmi celles qui sont exécutoires par elles-mêmes. Mais le Sénat a refusé de se rallier à ce système, arguant qu'en supprimant ou diminuant des taxes d'octroi, on peut arriver à créer un déficit au budget communal, déficit qu'il serait nécessaire de combler en créant de nouveaux impôts au grand désavantage des contribuables. Il est nécessaire, indispensable, que l'autorité supérieure intervienne, que le Préfet approuve, conformément aux dispositions de l'article 69, les délibérations des Assemblées municipales, toutefois, après avis du Conseil général ou de la commission départementale dans l'intervalle des sessions.

Art. 139

(Prorogation ou augmentation des taxes d'octroi)

« Sont exécutoires par elles-mêmes les délibérations prises par les Conseils municipaux prononçant la prorogation ou l'augmentation des taxes d'octroi pour une période de cinq ans au plus, sous la réserve qu'aucune des taxes ainsi maintenues ou modifiées n'excédera le maximum déterminé par le tarif général, et ne portera que sur des objets compris dans ce tarif. »

Le Sénat qui, tout d'abord, n'avait accepté aucune délibération concernant les octrois comme pouvant être exécutoire par elle-même, s'est rallié, en seconde lecture, au système de la Chambre, en ce qui concerne les délibérations comprises dans l'article 139, c'est-à-dire celles concernant la prorogation et l'augmentation des taxes pour cinq ans au plus.

Les délibérations seront exécutoires par elles-mêmes.

De plus, le Sénat a supprimé, dans l'intérêt des finances des communes, la *condition que l'exécution ne doive commencer qu'au 1er janvier qui suit la délibération*.

Le maire n'aura donc qu'à adresser la délibération municipale, portant prorogation ou diminution des taxes, à l'autorité supérieure. Le préfet la transmettra au directeur des contributions directes de son département, et la perception des taxes s'ensuivra naturellement.

Art. 140

(Taxes usuelles)

« Les taxes particulières dues par les habitants ou propriétaires, en vertu des lois et des usages locaux, sont réparties par une délibération du Conseil municipal approuvée par le préfet.

« Ces taxes sont perçues suivant les formes établies pour le recouvrement des contributions publiques. »

Ces taxes comprennent les droits perçus sur chaque habitant de la commune pour la jouissance de son lot de communal (prairie, pâture, etc...) La quotité de ce droit est réglée par le Conseil municipal, et est mise en recouvrement dès que la délibération de l'assemblée communale portant règlement du tarif a été approuvée par le préfet, qui en transmet copie au directeur des contributions de son département.

Art. 141

(Impositions extraordinaires et emprunts communaux)

« Les Conseils municipaux peuvent voter, dans la limite du maximum fixé chaque année par le Conseil général, des contributions extraordinaires n'excédant pas cinq centimes pendant cinq années, pour en affecter le produit à des dépenses extraordinaires d'utilité communale.

« Ils peuvent aussi voter trois centimes extraordinaires exclusivement affectés aux chemins vicinaux ordinaires, et trois centimes extraordinaires exclusivement affectés aux chemins ruraux reconnus.

« Ils votent et règlent les emprunts communaux remboursables sur les centimes extraordinaires votés comme il vient d'être dit au premier paragraphe du présent article, ou sur les ressources ordinaires, quand l'amortissement, en ce dernier cas, ne dépasse pas trente ans. »

L'article 1er de la loi du 21 décembre 1882 autorise les communes, en cas d'insuffisance de leurs ressources ordinaires et des centimes extraordinaires créés dans la limite du maximum fixé chaque année par les Conseils généraux, à s'imposer annuellement, jusqu'à concurrence de 3 centimes, pour allocation de secours aux familles des réservistes.

La loi du 11 juillet 1868 autorise les communes qui supportent au moins *dix centimes* extraordinaires à voter une journée de prestation au lieu des 3 centimes spécialement affectés aux chemins vicinaux ordinaires.

Les 3 centimes extraordinaires affectés aux chemins ruraux reconnus constituent une nouvelle faculté pour les communes de faire face aux dépenses vicinales. Ils n'étaient pas compris dans les dispositions de la loi du 27 juillet 1867.

Quant aux emprunts communaux, remboursables sur ressources ordinaires, la période d'amortissement a été portée de *douze années* (loi de 1867) à *trente ans*.

Art. 142

(Maximum fixé par le Conseil général)

« Les Conseils municipaux votent, sauf approbation du préfet :

« 1° Les contributions extraordinaires qui dépasseraient cinq centimes sans excéder le maximum fixé par le Conseil général, et dont la durée, excédant cinq années, ne serait pas supérieure à trente ans ;

« 2° Les emprunts remboursables sur les mêmes contributions extraordinaires ou sur les revenus ordinaires dans un délai excédant, pour ce dernier cas, trente ans. »

La durée de l'imposition et de l'amortissement de l'emprunt a été, comme pour l'article 145, portée de douze années à *trente ans*.

Art. 143

(Contributions extraordinaires)

« Toute contribution extraordinaire dépassant le maximum fixé par le Conseil général et tout emprunt remboursable sur cette contribution sont autorisés par décret du président de la République.

« Si la contribution est établie pour une durée de plus de trente ans, ou si l'emprunt remboursable sur ressources extraordinaires doit excéder cette durée, le décret est rendu en Conseil d'État.

« Il est statué par une loi si la somme à emprunter dépasse 1 million, ou si, réunie aux chiffres d'autres emprunts non encore remboursés, elle dépasse 1 million. »

L'article 7 de la loi de 1867 portait : « le décret est rendu en Conseil d'État s'il s'agit d'une commune ayant un revenu supérieur à cent mille francs », lorsqu'il s'agissait d'un emprunt dépassant le laps de douze années.

La législation actuelle ne fait plus de distinction entre les communes. Elle les place toutes sur le même pied d'égalité. Elle a étendu jusqu'au délai de trente ans, la faculté pour le préfet d'approuver les emprunts extraordinaires.

Il sera toujours statué par une loi si la somme à emprunter dépasse 1 million, alors même que *l'emprunt serait remboursable sur les revenus ordinaires de la commune*.

Art. 144

(Forêts — Bois de l'État)

« Les forêts et les bois de l'État acquittent les centimes addition-

nels ordinaires et extraordinaires affectés aux dépenses des communes dans la même proportion que les propriétés privées. »

On appelle centimes additionnels l'augmentation de l'impôt nécessitée par des circonstances spéciales, dont le produit reçoit un emploi déterminé et qui se perçoit, en ajoutant au principal de la contribution dont il s'agit, un certain nombre de centimes à percevoir en plus. C'est à cette perception — en plus — qu'on a donné le nom de centimes additionnels.

Le montant de chacune des contributions directes se compose donc de deux parties : le principal et les centimes additionnels.

Le principal est la somme fixée pour chacune d'elles et destinée surtout à former le fonds des dépenses générales de l'État.

Les centimes additionnels sont les suppléments proportionnels successivement ajoutés au principal et calculés à tant pour cent de ce principal.

Les uns, imposés au profit de l'État, ne sont établis que pour accroître les revenus du Trésor, les autres perçus au profit des départements et des communes, sont destinés à pourvoir aux dépenses locales.

Les communes sont autorisées à s'imposer chaque année un certain nombre de centimes additionnels.

Notre article met à la charge des bois et forêts de l'État les centimes additionnels ordinaires affectés aux dépenses des communes. Ils doivent les acquitter dans la même proportion que les propriétés privées.

SECTION II

VOTE ET RÈGLEMENT DU BUDGET

Art. 145

(Budget communal)

« Le budget de chaque commune est proposé par le maire, voté par le Conseil municipal et réglé par le préfet.

« Lorsqu'il pourvoit à toutes les dépenses obligatoires et qu'il n'applique aucune recette extraordinaire aux dépenses, soit obligatoires, soit facultatives, ordinaires ou extraordinaires, les allocations portées audit budget, pour les dépenses facultatives ne peuvent être modifiées par l'autorité supérieure.

« Le budget des villes dont le revenu est de 3,000,000 de francs au moins, est toujours soumis à l'approbation du président de la République, sur la proposition du ministre de l'Intérieur.

« Le revenu d'une ville est réputé atteindre 3,000,000 de francs lorsque les recettes ordinaires, constatées dans les comptes, se sont élevées à cette somme pendant les trois dernières années.

« Il n'est réputé être descendu au-dessous de 3,000,000 de francs que lorsque, pendant les trois dernières années, les recettes ordinaires sont restées inférieures à cette somme. »

La loi de 1837 rendait obligatoire le règlement, par ordonnance royale, du budget des communes ayant plus de *cent mille francs* de revenus.

L'article 15 de la loi du 14 juillet 1867 avait modifié cette disposition en élevant *à trois millions*, ainsi qu'il a été maintenu dans la loi actuelle, le chiffre des revenus des villes dont le budget devra être soumis à l'approbation du Président de la République sur la proposition du Ministre de l'Intérieur.

Art. 146

(Crédits additionnels)

« Les crédits qui seront reconnus nécessaires après le règlement du Budget seront votés et autorisés conformément à l'article précédent. »

Art. 147

(Dépenses imprévues)

« Les Conseils municipaux peuvent porter au Budget un crédit pour les dépenses imprévues.

« La somme inscrite pour ce crédit ne peut être réduite ou rejetée qu'autant que les revenus ordinaires, après avoir satisfait à toutes les dépenses obligatoires, ne permettraient pas d'y faire face.

« Le crédit pour dépenses imprévues est employé par le maire.

« Dans la première session qui suivra l'ordonnancement de chaque dépense, le maire rendra compte au Conseil municipal, avec pièces justificatives à l'appui, de l'emploi de ce crédit.

« Ces pièces demeureront annexées à la délibération. »

La loi de 1837 disposait que la somme inscrite au budget pour dépenses imprévues pouvait être réduite *lorsqu'elle excédait le dixième des recettes ordinaires.* Cette disposition n'a pas été maintenue.

De plus, elle obligeait le maire à rendre compte de l'emploi de ce crédit au sous-préfet, et dans les communes chefs-lieux d'arrondissement, de ne l'employer qu'après approbation préalable de l'autorité supérieure.

Désormais, le maire ne devra en rendre compte qu'au Conseil municipal, dans la première session qui aura suivi l'ordonnancement de la dépense; mais le Conseil municipal sera tenu de prendre une délibération motivée indiquant en quoi consistaient ces dépenses imprévues, dont les pièces justificatives seront soumises au visa de l'autorité supérieure.

De cette façon, on saura comment ont été employés les fonds.

Art. 148

(Réduction des dépenses d'un budget)

« Le décret du président de la République ou l'arrêté du préfet qui règle le budget d'une commune, peut rejeter ou réduire les dépenses qui y sont portées, sauf dans le cas prévu par le paragraphe 2 de l'art. 145 et par le paragraphe 2 de l'art. 147; mais il ne peut les augmenter ni en introduire de nouvelles qu'autant qu'elles sont obligatoires. »

Se reporter pour les *dépenses obligatoires* à l'article 111.

Toutes dépenses autres que celles énumérées dans cet article sont facultatives.

Art. 149

(Inscription d'office)

« Si un Conseil municipal n'allouait pas les fonds exigés par une dépense obligatoire, ou n'allouait qu'une somme insuffisante, l'allocation serait inscrite au budget par décret du Président de la République, pour les communes dont le revenu est de 3 millions et au-dessus, et par arrêté du préfet en Conseil de préfecture pour celles dont le revenu est inférieur.

« Aucune inscription d'office ne peut être opérée sans que le Conseil municipal ait été, au préalable, appelé à prendre une délibération spéciale à ce sujet.

« S'il s'agit d'une dépense annuelle et variable, le chiffre en est fixé sur sa quotité moyenne pendant les trois dernières années.

« S'il s'agit d'une dépense annuelle et fixe de sa nature ou d'une dépense extraordinaire, elle est inscrite pour sa quotité réelle.

« Si les ressources de la commune sont insuffisantes pour subvenir aux dépenses obligatoires inscrites d'office, en vertu du présent article, il y est pourvu par le Conseil municipal, ou, en cas de refus de sa part, au moyen d'une contribution extraordinaire établie d'office par un décret, si la contribution extraordinaire n'excède pas le maximum à fixer annuellement par la loi de finances, et par une loi spéciale, si la contribution doit excéder ce maximum. »

Les formalités exigées en matière d'imposition d'office sont de droi strict. (Loi des 1er juin 1878 et 20 mars 1883.)

Le préfet doit mettre en demeure le Conseil municipal de voter l'allocation nécessaire, et, s'il refuse, inscrire d'office au budget, par arrêté pris en Conseil de préfecture, le crédit applicable à la dépense.

Il convient ensuite de notifier ledit arrêté à l'administration locale et d'adresser au Conseil municipal une nouvelle mise en demeure à l'effet de créer les ressources pour le paiement de la dépense.

En cas d'un nouveau refus, il est établi d'office une contribution extraordinaire.

Le décret présidentiel, ou la loi qui aura établi la contribution extraordinaire, devra indiquer non *la quotité* de *centimes*, mais *les sommes* qu'il y a lieu d'imposer d'office pour couvrir le déficit du budget et faire face aux dépenses obligatoires.

Toutefois, il ne peut être établi d'imposition d'office, que si le budget communal, réglé définitivement par le préfet ou par le Président de la République, ne co[illegible]ient que des dépenses rigoureusement obligatoires.

Les impositions d'office inscrites aux budgets communaux n'ont jamais été abandonnées aux préfets. Dans une matière aussi grave, lorsqu'il s'agit d'une mesure de coërcition exercée contre une commune, un acte du pouvoir supérieur est indispensable.

Art. 150

(Budget non voté)

« Dans le cas où, pour une cause quelconque, le budget d'une commune n'aurait pas été définitivement réglé avant le commencement de l'exercice, les recettes et les dépenses ordinaires continuent, jusqu'à l'approbation de ce budget, à être faites conformément à celui de l'année précédente. Dans le cas où il n'y aurait eu aucun budget antérieurement voté, le budget serait établi par le préfet en Conseil de préfecture. »

CHAPITRE IV

DE LA COMPTABILITÉ DES COMMUNES

Art. 151

(Comptes du maire)

« Les comptes du maire, pour l'exercice clos, sont présentés au Conseil municipal avant la délibération du budget.

« Ils sont définitivement approuvés par le Préfet. »

Les comptes d'administration pour chacun des exercices clos, sont soumis à l'approbation du Conseil municipal. Le maire peut assister à la séance et prendre part aux discussions qui pourront être soulevées sur la comptabilité des deniers de la commune. Il pourra donner tous les renseignements qui seront utiles pour éclairer la conscience de ses collègues du Conseil. Mais, au moment du vote approbatif ou désapprobatif des comptes, il devra sortir de la salle des séances et s'abstenir d'y prendre part.

La loi de 1837 comprenait une disposition qui divisait les communes en deux catégories distinctes. Celles dont le revenu était supérieur à cent mille francs et celles dont le revenu était inférieur.

Dans le premier cas c'était au Ministre de l'Intérieur qu'il appartenait de régler définitivement le budget. Dans le second cas c'était au préfet.

La nouvelle loi a supprimé cette distinction. Elle a porté la compétence des préfets, en matière de règlements des comptes d'administration, à toutes les communes de leur juridiction respective.

Art. 152

(Mandat des dépenses)

« Le maire peut seul délivrer des mandats;

« S'il refusait d'ordonnancer une dépense régulièrement autorisée et liquide, il serait prononcé par le Préfet, en Conseil de préfecture, et l'arrêté du Préfet tiendrait lieu du mandat du maire. »

Il ressort de la discussion, toutefois, que si l'adjoint a reçu une délégation du maire, il en exerce les fonctions comme délégué et peut signer les mandats.

Art. 153

(Comptables)

« Les recettes et dépenses communales s'effectuent par un comptable, chargé seul, et sous sa responsabilité, de poursuivre la rentrée de tous revenus de la commune et de toutes sommes qui lui seraient dues, ainsi que d'acquitter les dépenses ordonnancées par le maire, jusqu'à concurrence des crédits régulièrement accordés.

« Tous les rôles de taxes, de sous-répartitions et de prestations locales doivent être remis à ce comptable. »

C'est le percepteur qui, dans les communes, remplit les fonctions de receveur municipal. Dans les villes ayant plus de trente mille francs de revenus, il peut être nommé un receveur municipal. Cette nomination appartient au préfet. Le receveur verse un cautionnement comme garantie de sa gestion.

Art. 154

(Recouvrements)

« Toutes les recettes municipales pour lesquelles les lois et règlements n'ont pas prescrit un mode spécial de recouvrement, s'effectuent sur les états dressés par le maire. Ces états sont exécutoires après qu'ils ont été visés par le Préfet ou le Sous-Préfet.

« Les oppositions, lorsque la matière est de la compétence des tribunaux ordinaires, sont jugées comme affaires sommaires, et la commune peut y défendre sans autorisation du Conseil de préfecture. »

Les recettes municipales s'effectuent par un comptable chargé seul de poursuivre la rentrée de tous les revenus de la commune.

Les poursuites sont toujours précédées d'avertissements au contribuable de se libérer.

Si ces avertissements restent sans effet, le receveur municipal fait faire un commandement au contribuable. Mais ce commandement peut être l'objet d'une opposition de la part de celui-ci.

Dans ce cas, cette opposition doit être portée devant les tribunaux civils pour deux raisons : « 1° parce que s'agissant de l'application des lois de procédure civile, cette application appartient aux tribunaux civils ; 2° parce que l'état rendu exécutoire par l'autorité administrative compétente est considéré comme un véritable jugement, et comme *les tribunaux administratifs n'ont pas le droit de connaître de l'exécution de leurs décisions*, il y a nécessité de recourir à l'autorité judiciaire.

Mais si on contestait la quotité de la taxe de l'impôt, la régularité des poursuites, la qualité de l'agent auteur de ces poursuites, le débat s'engageant alors sur des actes émanés de l'administration, serait administratif, et ne pourrait être porté devant les tribunaux ordinaires.

Art. 155

(Deniers communaux)

« Toute personne autre que le receveur municipal, qui, sans autorisation légale, se serait ingérée dans le maniement des deniers de la commune, sera, par ce seul fait, constituée comptable et pourra, en outre, être poursuivie en vertu du Code pénal, comme s'étant immiscée sans titre dans les fonctions publiques. »

L'article du Code pénal auquel il est fait allusion est ainsi conçu :

« Quiconque, sans titre, se sera immiscé dans des fonctions publiques, civiles ou militaires, ou aura fait les actes d'une de ces fonctions, sera puni d'un emprisonnement de deux à cinq ans, sans préjudice de la peine de faux, si l'acte porte le caractère de ce crime. »

(Code pénal, — Art. 258.)

Pour constituer le délit dont il s'agit ici, il faut nécessairement que l'immixtion ait lieu dans des fonctions publiques. Par fonctions publiques on doit entendre celles qui s'exercent par suite d'une *délégation de l'autorité publique*. Ce sont celles-là seulement que la loi protège. (*Chauveau* et *Faustin-Hélie*.)

En outre, la personne qui se serait ingérée dans le maniement des deniers de la commune, par ce fait constituée comptable, verra épurer ses comptes, et s'il y a eu des soustractions commises, elle tombera sous le coup de l'article 169 du Code pénal ainsi conçu :

« Tout percepteur, tout commis à une perception, dépositaire ou comptable public, qui aura détourné ou soustrait des deniers publics ou privés, ou effets actifs en tenant lieu, ou des pièces, titres, actes, effets mobiliers qui étaient entre ses mains en vertu de ses fonctions, sera puni des travaux forcés à temps, si les choses détournées ou soustraites sont d'une valeur au-dessus de trois mille francs. »

Art. 156

(Receveurs municipaux)

« Le percepteur remplit les fonctions de receveur municipal.

« Néanmoins, dans les communes dont les revenus ordinaires excèdent 30,000 francs, ces fonctions peuvent être confiées, sur la demande du Conseil municipal, à un receveur municipal spécial.

« Ce receveur municipal est nommé sur une liste de trois noms présentée par le Conseil municipal.

« Il est nommé par le préfet dans les communes dont le revenu ne dépasse pas 300,000 francs, et par le Président de la République sur la proposition du Ministre des finances, dans les communes dont le revenu est supérieur.

« En cas de refus, le Conseil municipal doit faire de nouvelles présentations. »

Sous l'empire de la loi de 1837, tous les receveurs municipaux spéciaux étaient nommés par le roi.

Il résulte des dispositions du présent article que les pouvoirs des préfets sont étendus et qu'ils auront le droit de nommer les receveurs municipaux spéciaux dans les communes dont les revenus excédant trente mille francs ne dépassent pas trois cent mille francs.

Art. 157

(Comptes du receveur)

« Les comptes du receveur municipal sont apurés par le Conseil de préfecture, sauf recours à la Cour des comptes pour les communes dont les revenus ordinaires, dans les trois dernières années, n'excèdent pas 30,000 francs.

« Ils sont apurés et définitivement réglés par la Cour des comptes pour les communes dont le revenu est supérieur.

« Ces distinctions sont applicables aux comptes des trésoriers des hôpitaux et autres établissements de bienfaisance. »

Frais de bureau des receveurs municipaux. — Le décret du 27 juin 1876 a fixé les règles d'après lesquelles doit être calculé le traitement annuel des receveurs municipaux.

En même temps il a permis aux communes d'accorder aux comptables, avec l'autorisation du préfet, un dixième en sus du traitement réglementaire, ce qui implique l'interdiction d'élever, au delà de cette proportion, la rémunération de ces agents :

On ne saurait donc admettre dans les budgets, sous prétexte de frais de bureau, des allocations qui constitueraient une augmentation déguisée des traitements, contraire au décret de 1876.

D'un autre côté, les frais de bureau sont à la charge des receveurs jusqu'à concurrence du quart de leur traitement. L'excédent seul, s'il y en a un, doit être supporté par les communes. La circulaire du 1er août 1876 explique, à cet égard, que ce n'est que dans les villes et lorsqu'il s'agit de receveurs spéciaux que les frais de bureau peuvent excéder le quart du traitement ; mais que, pour les receveurs-percepteurs, cette proportion n'est en réalité dépassée que dans des circonstances exceptionnelles.

Cependant, depuis 1876, la situation a pu se modifier dans un certain nombre de communes, à raison des dépenses importantes qui ont été entreprises, notamment pour la construction des maisons d'école, et qui peuvent élever sensiblement le chiffre des frais de bureau. Il est juste de tenir compte de ces opérations ou d'autres semblables, et d'allouer aux comptables l'indemnité de bureau à laquelle ils peuvent avoir légitimement droit.

Les comptables devront fournir la justification des frais dont ils réclament le remboursement, et le préfet appréciera le chiffre de l'indemnité qui pourra être fixée à forfait et à titre d'abonnement.

Toutefois les allocations, bien que ne se trouvant pas justifiées, qui auraient été inscrites dans des budgets antérieurs approuvés régulièrement et sans réserve, doivent être considérées comme constituant de véritables droits au profit des comptables, et ni le préfet, ni le conseil de préfecture à l'occasion du jugement des comptes, ne pourraient obliger ces comptables à reverser dans les caisses municipales les sommes qu'ils ont touchées en vertu de décisions régulières.

Telle est, d'ailleurs, la solution qui résulte de l'arrêt de la Cour des comptes du 2 juin 1882. Ce n'est que pour l'avenir que le préfet et le conseil de préfecture pourront exercer utilement leur contrôle.

Art. 158

(Responsabilité des receveurs municipaux)

« La responsabilité des receveurs municipaux et les formes de la comptabilité des communes sont déterminées par des règlements d'administration publique.

« Les receveurs municipaux sont assujettis, pour l'exécution de ces règlements, à la surveillance des receveurs des finances.

« Dans les communes où les fonctions de receveur municipal et de percepteur sont réunies, la gestion du comptable est placée sous la responsabilité du receveur des finances d'après les conditions déterminées par un règlement d'administration publique. »

Dans les communes ayant plus de 30,000 francs de revenus et dont un receveur spécial gère les finances, le receveur des finances n'a pas de responsabilité effective. Il a un simple droit de surveillance sur la gestion financière du comptable. La commune, en cas de détournements, ne pourrait exercer aucun recours contre lui.

Au contraire, dans les communes, où le percepteur fait fonctions de receveur municipal, le receveur des finances est responsable de la gestion du comptable, et la commune lésée a son recours contre lui.

Art. 159

(Comptes des receveurs)

« Les comptables qui n'ont pas présenté leurs comptes dans les délais prescrits par les règlements peuvent être condamnés, par l'autorité chargée de juger lesdits comptes, à une amende de 10 à 100 francs par chaque mois de retard pour les receveurs et trésoriers justiciables des Conseils de préfecture, et de 50 à 500 francs également par mois de retard, pour ceux qui sont justiciables de la Cour des comptes.

« Ces amendes sont attribuées aux communes ou établissements que concernent les comptes en retard.

« Elles sont assimilées, quant au mode de recouvrement et de poursuites, aux débets des comptables des deniers de l'État et la remise n'en peut être accordée que d'après les mêmes règles. »

Le recouvrement des amendes pourra, en conséquence, être suivi par corps conformément à la loi du 19 décembre 1871 qui remet en vigueur les dispositions des articles 8 et 9 de la loi du 17 avril 1832 qu'avait abrogées la loi du 22 juillet 1867.

Art. 160

« Les budgets et les comptes des communes restent déposés à la mairie ; ils sont rendus publics dans les communes dont le revenu est de 100,000 francs et au-dessus, et dans les autres, quand le Conseil municipal a voté la dépense de l'impression. »

Note générale sur les budgets et les emprunts

Ainsi que nous l'avons vu, le budget d'une commune se divise en deux titres : Recettes; Dépenses.

Chacun de ces titres est subdivisé en deux chapitres : 1° Recettes ordinaires. Recettes extraordinaires. — 2° Dépenses ordinaires. Dépenses extraordinaires.

C'est le maire qui prépare le budget et en propose les éléments. La présentation du budget au Conseil municipal donne au maire la faculté de passer en revue la situation financière de la commune, et au Conseil municipal l'occasion de se rendre un compte exact des ressources de la commune, d'approuver ou de blâmer les actes de l'administrateur et de proposer les améliorations et les projets de travaux d'utilité communale.

Le budget est soumis, article par article, à l'examen, à la délibération et au vote du Conseil municipal, dans la session de mai, et est définitivement arrêté par le Préfet dans les communes dont le revenu est inférieur à 3 millions de francs. Dans les communes qui ont un revenu supérieur, le budget est soumis à l'approbation du Président de la République.

Nous croyons utile de donner les indications suivantes concernant les cahiers des charges, les remboursements d'emprunts, les affectations de rentes au paiement d'une dette exigible, les frais de casernement, l'unification des dettes communales, etc. Ces questions se reproduisant très souvent dans la vie communale, nous les avons résumées ainsi qu'il suit :

Contributions extraordinaires. — Lorsqu'il y a eu erreur en trop dans les impositions communales comprises au rôle, dès que l'erreur a été constatée, il est régulier d'accorder un dégrèvement général par voie de réduction de rôle.

Cahier des charges. — (Décrets 23 juillet 1873, 18 juin 1879.) Les villes qui contractent un emprunt par voie de souscription, doivent avoir soin de faire insérer dans le cahier des charges un article spécial stipulant que la ville pourra recevoir en dépôt les actions et donner en retour comme garantie des titres nominatifs.

Remboursement par un nouvel emprunt. — La Cour de cassation, par un arrêt en date du 29 juillet 1879, a décidé qu'une commune pouvait rembourser un emprunt en en contractant un nouveau, lorsqu'il s'agissait d'obligations remboursables avec primes; les créanciers avaient tout intérêt à recevoir leur remboursement pour jouir des primes qui augmentaient d'autant le capital prêté.

Quid, lorsqu'il s'agit du remboursement de titres amortissables par voie de tirage au sort ?

L'article 1187 du Code civil dispose que le terme est présumé, en principe, avoir été stipulé en faveur du débiteur seul ; mais il réserve, en même temps, la présomption de fait contraire; et, dans le prêt à intérêt, à la différence de ce qui a eu lieu pour d'autres contrats, on doit présumer facilement que le créancier a entendu faire un placement à longue durée, et que, par suite, le terme a été aussi stipulé dans son intérêt. C'est à la municipalité, dans ce cas, à étudier l'affaire et à apprécier les difficultés de remboursement.

Affectation d'une rente au remboursement d'un emprunt. — L'affectation au remboursement d'un emprunt à contracter à la Caisse des écoles de la totalité d'une rente appliquée jusqu'à ce jour aux dépenses de l'instruction primaire peut servir à en former le gage lorsqu'elle n'est pas contraire au titre de la fondation.

Mais la rente ne saurait recevoir cette affectation qu'autant que la commune supporterait les 4 centimes spéciaux de l'instruction primaire.

Le vote de ces centimes devient obligatoire pour la commune, aux termes de la loi du 16 juin 1881, du moment que cette dernière n'est plus en mesure de prélever l'équivalent des centimes spéciaux sur le produit de dons ou legs ou sur ses autres ressources budgétaires.

Les communes peuvent être admises à affecter le montant de fondations spéciales (dons ou legs) à des dépenses scolaires autres que les traitements d'instituteurs ou d'institutrices, notamment au remboursement d'emprunts à la Caisse des écoles, mais sous les conditions suivantes :

« Qu'elles aient voté les 4 centimes spéciaux;

« Que le prélèvement sur le produit des fondations n'excède pas le produit des 4 centimes;

« Que les titres des fondations ne déterminent pas explicitement l'affectation qu'elles doivent recevoir. »

Déficits de budgets. — La loi annuelle des finances ne permet pas d'établir d'office sur une commune des impositions pour déficits de budgets au delà de 10 centimes par année, à moins qu'il ne s'agisse d'assurer le paiement de dettes résultant de condamnations judiciaires, la quotité pouvant, dans ce cas seulement, atteindre 20 centimes. (Instructions ministérielles du 3 septembre 1881.)

Casernement. — Les emprunts contractés par les villes pour avances à l'État des sommes nécessaires à la réorganisation du casernement et remboursables au moyen des annuités à verser par l'État n'entrent pas en ligne de compte dans le calcul du passif communal au point de vue de l'application du § 3, art. 143 de la présente loi, aux termes de laquelle tout emprunt qui dépasse un million ou qui, réuni aux emprunts antérieurs, dépasse un million, doit être autorisé par une loi.

En limitant à ce chiffre d'un million, les emprunts que les communes pouvaient contracter sans l'intervention du pouvoir législatif, les rédacteurs de la loi du 24 juillet 1867 dont les dispositions sont en partie reproduites par la présente loi, n'avaient en vue que les emprunts que les communes contractaient pour leur propre compte et qui constitueraient une charge pour leurs budgets. Mais ils ne pouvaient prévoir les combinaisons imaginées à la suite de la guerre pour la reconstitution du casernement. Dans ces combinaisons, les communes sont intervenues tantôt par voie de subvention à l'Etat, tantôt à titre d'avance remboursable par le Trésor. Les emprunts contractés pour l'acquittement des subventions font évidemment partie du passif communal; mais quant aux emprunts contractés pour faire face aux avances, les communes ne sont intervenues que comme intermédiaires entre l'Etat et les prêteurs. Ces emprunts, quoique contractés par elles, n'en sont pas moins à la charge de l'Etat, et ce n'est que par ordre, en quelque sorte, qu'ils figurent aux budgets communaux, où les municipalités, en même temps qu'elles inscrivent en dépense l'annuité de remboursement, font également figurer en recette une somme égale à fournir par l'Etat.

Il est si vrai que le législateur n'a pas considéré ces opérations comme des emprunts communaux dans le sens ordinaire du mot, qu'il les a exemptées des droits de timbre et d'enregistrement.

Le Conseil d'Etat en plusieurs occasions a émis un avis conforme, (1er décembre 1880, Lodève) (9 août 1882, Sens) (13 mars 1883, Autun).

Dans ces diverses affaires, le Conseil a donné des avis favorables aux projets de décrets tendant à autoriser les emprunts ci-dessus, bien que le passif communal, en y comprenant les emprunts de casernement fût supérieur à un million. Cet emprunt ne peut donc être considéré comme grevant la caisse municipale, ni par suite entrer en ligne de compte pour déterminer la compétence des autorités en ce qui concerne l'approbation des emprunts ultérieurs.

La doctrine contraire formulée par la Cour des comptes doit être considérée comme définitivement condamnée.

Unification des dettes communales. — En ce qui concerne l'unification des dettes communales, les communes rencontrent parfois, pour le remboursement anticipé des avances qui leur ont été consenties, des difficultés sur lesquelles une circulaire ministérielle, en date du 28 juillet 1880, a appelé l'attention des administrations préfectorales. Il est bon de mettre les municipalités en garde contre ces difficultés en les engageant à examiner si les termes du traité qu'elles ont passé avec les prêteurs leur permettent de se libérer par anticipation.

Remboursement anticipé d'un emprunt. — Le remboursement anticipé d'un emprunt réalisé auprès du *Crédit Foncier*, peut toujours avoir lieu, et les communes peuvent se libérer par anticipation en vertu des dispositions de l'article 10 du décret du 28 février 1852 et de l'article 9 de la loi du 12 juillet 1860 qui obligent cet établissement à recevoir tous remboursements anticipés, moyennant l'indemnité de demi pour cent du capital remboursé.

La commission de surveillance de la *Caisse des Dépôts et Consignations* n'admet pas de transaction sur le principe qui ne permet pas à la Caisse d'accepter de remboursement anticipé, principe qu'elle se refuse énergiquement à laisser entamer.

Remboursement d'obligations et paiement des intérêts. — Le remboursement des obligations amorties et le paiement des intérêts d'un emprunt contracté, doivent s'effectuer, en principe, à la recette municipale, et le traité qui a pour objet d'en autoriser le paiement à la caisse des prêteurs, à l'effet de quoi la commune aurait à faire parvenir à ces derniers les sommes nécessaires avant l'échéance, n'est pas susceptible d'être approuvé dans ces termes.

Cette clause est inconciliable, dans l'exécution, avec les dispositions du règlement du 23 juin 1879 sur la comptabilité des emprunts communaux et en opposition formelle avec notre article 153, d'après lequel le receveur municipal est chargé seul, sous sa responsabilité, d'effectuer tous les paiements ordonnancés par le maire.

Toutefois, s'il est reconnu nécessaire d'effectuer à la caisse des prêteurs le paiement des coupons et des obligations, la maison de Banque devra nécessairement faire l'avance des fonds, sauf à se faire rembourser à la caisse municipale, en produisant les justifications prescrites par les règlements pour la garantie des intérêts communaux.

Suppression d'une imposition extraordinaire. — L'autorisation accordée à une commune de s'imposer extraordinairement, ne constitue pour elle qu'une simple faculté dont elle reste toujours libre de ne pas user ou de n'user qu'en partie.

Aucune autorisation spéciale n'est, dès lors, nécessaire pour faire cesser la perception d'une imposition avant le terme fixé par l'acte approbatif.

Il suffit pour cela que le Conseil municipal prenne, en ce sens, une délibération régulière qui doit être transmise au préfet. Il ne reste plus qu'à se concerter avec le directeur des contributions directes pour que l'imposition cesse d'être comprise aux rôles.

TITRE CINQUIÈME

DES BIENS & DROITS INDIVIS ENTRE PLUSIEURS COMMUNES

ART. 161

(Commissions syndicales)

« Lorsque plusieurs communes possèdent des biens ou des droits indivis, un décret du Président de la République instituera, si l'une d'elles le réclame, une commission syndicale composée de délégués des conseils municipaux des communes intéressées.

« Chacun des Conseils élira dans son sein, au scrutin secret, le nombre des délégués qui aura été déterminé par décret du Président de la République.

« La commission syndicale sera présidée par un syndic élu par les délégués et pris parmi eux. Elle sera renouvelée après chaque renouvellement des Conseils municipaux.

« Les délibérations sont soumises à toutes les règles établies pour les délibérations des Conseils municipaux. »

ART. 162

(Attribution de la commission syndicale)

« Les attributions de la Commission syndicale et de son président comprennent l'administration des biens et droits indivis et l'exécution des travaux qui s'y rattachent.

« Ces attributions sont les mêmes que celles des Conseils municipaux et des maires en pareille matière.

« Mais les ventes, échanges, partages, acquisitions, transactions, demeurent réservés aux Conseils municipaux, qui pourront autoriser le président de la Commission à passer les actes qui y sont relatifs. »

Art. 163

(Dépenses — Répartition)

« La répartition des dépenses votées par la commission syndicale est faite entre les communes intéressées par les conseils municipaux.

« Leurs délibérations seront soumises à l'approbation du Préfet.

« En cas de désaccord entre les Conseils municipaux, le Préfet prononcera sur l'avis du Conseil général ou, dans l'intervalle des sessions, de la Commission départementale. Si les Conseils municipaux appartiennent à des départements différents, il sera statué par décret.

« La part de la dépense définitivement assignée à chaque commune sera portée d'office aux budgets respectifs, conformément à l'article 149 de la présente loi. »

(Note générale sur les articles 161-162 et 163)

Le Sénat a repoussé l'institution des commissions intercommunales qu'avait admise la Chambre des députés. Il a voulu réserver au moment de la discussion d'un projet de loi sur l'organisation cantonale, — projet déposé sur le bureau de la Chambre des députés par M. Goblet, — son appréciation sur l'utilité et l'avantage de la création des commissions intercommunales.

Mais il a adopté les articles 116, 117, 118, de la présente loi qui appliquent aux communes les dispositions établies par la loi du 10 août 1871, au titre VII, sous cette rubrique *des intérêts communs à plusieurs départements*. (Art. 89, 90, 91.)

De plus, il a modifié, — pour les mettre en harmonie avec l'état général de notre législation actuelle, — les dispositions de la loi du 18 juillet 1838, spéciales au cas où plusieurs communes possèdent des biens ou droits par indivis. (Art. 70-71-72-73. Loi 1837.)

Ces dispositions sont consacrées par les textes de nos articles 161-162-163.

Lorsque deux, ou plusieurs communes sont dans cette situation d'être co-propriétaires, *à l'état d'indivision*, d'immeubles, de pacages, de bois, de broussailles, l'administration ne peut s'en faire utilement par l'intervention collective de tous les Conseils municipaux ou de toutes les administrations des communes intéressées. Il faut, nécessairement, que ces communes co-propriétaires se donnent une représentation spéciale qui soit chargée d'administrer au mieux des intérêts de tous.

Ces intérêts, la loi de 1837 y avait pourvu, en partie, et comme elle doit disparaître tout entière, afin qu'on ne soit pas obligé de s'y référer par des dispositions particulières, la commission du Sénat a intercalé dans la loi les articles précédents 161-162-163 du titre V.

Lorsqu'une commune le réclame, le Président de la République, par décret, institue une commission syndicale composée de délégués des Conseils municipaux intéressés, dont le nombre, pour chaque commune, sera arrêté dans ledit décret.

M. Poriquet avait demandé une modification sur ce point. Il trouvait naturel que les conseils élisent, dans leur sein, *un nombre de délégués égal pour chacune* des communes.

Son amendement fut repoussé : Quand deux communes possèdent à l'état d'indivision des biens immeubles tels que bois, pacages, etc..., lorsqu'il s'agira de constituer un corps syndical qui administrera les droits des deux communes, il est plus rationnel de ne considérer que la somme d'intérêts qui s'attachent à chaque commune, en raison de sa part dans les biens dont il s'agit.

Le Sénat a consacré, en outre, une innovation aux dispositions de la loi de 1837 sous l'empire de laquelle le *Syndic* était nommé par le pouvoir exécutif, tandis que, conformément aux dispositions générales de notre loi, c'est la commission syndicale qui le nomme elle-même,

En ce qui concerne les travaux qui lui sont attribués par l'article 162, la commission syndicale, évidemment, ne pourra s'occuper que des travaux se rattachant aux biens et droits indivis. Émanation des communes co-propriétaires, elle forme un véritable Conseil municipal spécial dont la mission est limitée dans la puissance de l'administration des biens indivis et de l'exécution des travaux qui s'y rattachent.

L'article 162 réserve ainsi aux Conseils municipaux les questions de propriété, attributions qui sont de leur seule compétence; toutefois, ils pourront, par une délibération motivée, autoriser le Président de la commission syndicale à passer les actes qui sont relatifs aux ventes, échanges, partages, acquisitions, et transactions intervenues dans les formes et conditions prescrites par la loi.

En ce qui concerne la répartition de la dépense votée, art. 163, elle est faite par les Conseils municipaux, entre les communes intéressées. Il est évident qu'il ne peut être question que des dépenses se rattachant à la jouissance et à l'administration des biens indivis. La compétence et le mandat de la commission syndicale sont strictement limités à ce sujet par les termes de l'article 163.

Mais lorsque la commission aura pris une délibération décidant qu'il y a tels ou tels travaux à faire, ou que la propriété doit être administrée de telle ou telle façon, il est évident que le Conseil municipal qui a un mandataire régulier, auquel ses pouvoirs ont été transférés, ne peut plus venir contester les délibérations de la commission syndicale portant sur l'urgence, la nécessité ou l'opportunité des travaux à faire. Le rôle du Conseil municipal, dans ce cas, doit donc être borné à établir, concurremment avec les autres Conseils municipaux, la part qui doit incomber, dans les dépenses, à chaque commune.

L'article 163 ajoute qu'en cas de désaccord entre les Conseils municipaux pour fixer la quote-part de la dépense afférente à chacun d'eux, le Préfet prononcera après avoir pris l'avis du Conseil général ou de la Commission départementale dans l'intervalle des sessions.

Il y a encore là une modification à la loi de 1837. En cas de désaccord entre les Conseils municipaux, la loi de 1837 voulait que le Préfet ne prononçât qu'après avoir entendu le Conseil d'arrondissement et le Conseil général. L'avis du Conseil d'arrondissement n'est plus demandé. De plus, à cause des retards qui pourraient être apportés aux travaux s'il fallait consulter toujours les Conseils généraux — lesquels ne siègent que très rarement, — la loi donne mandat, dans l'intervalle des sessions, à la Commission départementale de donner son avis.

Si les Conseils municipaux appartiennent à des départements différents, il sera statué par décret.

Enfin, on a maintenu la disposition de la loi de 1837 qui permet de porter d'office aux bugdets des Communes, conformément à l'article 149 de la présente loi, la dépense assignée définitivement à chaque commune, en cas de refus de sa part de voter les ressources nécessaires pour y faire face.

TITRE SIXIÈME

DISPOSITIONS RELATIVES A L'ALGÉRIE & AUX COLONIES

Art. 164

(Algérie)

« La présente loi est applicable aux communes de plein exercice de l'Algérie, sous réserve des dispositions actuellement en vigueur concernant la constitution de la propriété communale, les formes et conditions des acquisitions, échanges, aliénations et partages, et sous réserve des dispositions concernant la représentation des musulmans indigènes.

« Par dérogation aux art. 5 et 6 de la présente loi, les érections de communes, les changements projetés à la circonscription territoriale des communes, quand ils devront avoir pour effet de modifier les limites d'un arrondissement, seront décidés par décret pris après avis du Conseil général.

« Par dérogation à l'art. 74, les Conseils municipaux peuvent allouer aux maires des indemnités de fonctions, sauf approbation du Gouverneur général. »

La législation antérieure, depuis la conquête de l'Algérie, a tenu à doter notre magifique possession d'outre-mer des institutions de la métropole; aujourd'hui elle est complètement assimilée à la France. La nouvelle loi lui donne en outre (art. 164) des pouvoirs dont la mère-patrie n'a pas jouissance. Les Conseils municipaux pourront allouer aux maires des indemnités de fonctions, contrairement à l'article 74 de notre loi. Les délibérations en ce sens seront approuvées par le Gouverneur général. Elles ne sauraient l'être par le Préfet. Une simple approbation préfectorale ne serait pas valable, et le receveur municipal aurait le droit et le devoir de refuser le mandatement d'une dépense, dans ces conditions.

En second lieu, les érections de communes, les changements projetés à la circonscription territoriale des communes, quand ils devront avoir pour effet de modifier les limites d'un arrondissement, seront décidés par décret après avis du Conseil général.

L'Algérie a, comme la France, sa représentation au Parlement. Elle élit ses sénateurs et ses députés dans les mêmes conditions que la métropole. Elle est divisée en départements lesquels se subdivisent en arrondissements et communes. Elle a ses Conseils municipaux, ses Conseils généraux, ses Conseils de préfecture, ses Préfets. Un gouverneur général, nommé par décret du Président de la République, a la haute main sur l'administration générale de la colonie

Art. 165

(Colonies)

« La présente loi est également applicable aux colonies de la Martinique, de la Guadeloupe et de la Réunion, sous les réserves suivantes :

« Un arrêté du gouverneur en conseil privé tiendra lieu du décret du Président de la République dans les cas prévus aux art. 110, 145, 148 et 149.

« Les attributions dévolues au Ministre de l'intérieur par les art. 40, 69 et 120 ; au Ministre des cultes par l'art. 100, et au Ministre des finances par l'art. 156 de la présente loi, sont conférées au Ministre de la marine et des colonies.

« Les attributions conférées au Ministre de l'intérieur et aux préfets par les art. 4, 13, 15, 36, 40, paragraphe 4 ; 46, paragraphe 2 ; 47, 48, 60, paragraphe 1 ; 65, 66, 67, 69, 70, 85, 95, paragraphes 2 et 4 ; 98, paragraphe 4 ; 100, 111, 112, 113, 114, 115, 116, 117, 118, 119, 124, 129, 130, 133, paragraphe 16 ; 140, 142, 145, paragraphe 1 ; 146, 148, 149, 150, 151, 152 et 166 de la présente loi sont dévolues au gouverneur.

« Les attributions dévolues aux préfets et aux sous-préfets par les art. 12, 29, 37, 38, 40, paragraphes 1, 2 et 3 ; 49, paragraphe 3 ; 52, 57, 60, paragraphe 2 ; 61, 62, 78, 88, 93, 95, paragraphes 1 et 3 ; 102, 103, 125 et 154 sont remplies par le directeur de l'Intérieur.

« Les attributions conférées aux Conseils de préfecture par les art. 36, 37, 38, 39, 40 et 60 sont dévolues au Conseil du contentieux administratif.

« Les attributions dévolues aux Conseils de préfecture par les art. 65, 66, 111, 121, 123, 125, 126, 127, 152, 154, 157 et 159 sont conférées au Conseil privé.

« Les attributions dévolues à la cour des comptes par les art. 157, paragraphe 2, et 159 sont conférées au conseil privé, sauf recours à la cour des comptes.

« Les recours au Conseil d'Etat formés par l'administration contre les décisions du conseil du contentieux administratif sont transmis par le gouverneur au ministre de la marine et des colonies, qui en saisit le Conseil d'Etat.

« Les dispositions du décret du 12 décembre 1882, sur le régime financier des colonies, restent applicables à la comptabilité communale en tout ce qui n'est pas contraire à la présente loi. »

Les autres colonies restent ainsi soumises à la législation des décrets.

Art. 166

(Octrois de mer)

« Les dispositions de la présente loi relative aux octrois municipaux, ne sont pas applicables à l'octroi de mer, qui reste assujetti aux règlements en vigueur en Algérie et dans les colonies. »

TITRE SEPTIÈME

DISPOSITIONS GÉNÉRALES

Art. 167

(Désaffectation des immeubles consacrés au culte)

« Les Conseils municipaux pourront prononcer la désaffectation totale ou partielle d'immeubles consacrés, en dehors des prescriptions de la loi organique des cultes du 18 germinal an X, et des dispositions relatives au culte israélite, soit aux cultes, soit à des services religieux ou à des établissements quelconques ecclésiastiques et civils.

« Ces désaffectations seront prononcées dans la même forme que les affectations. »

M. Paul Bert, par un amendement présenté au cours de la deuxième délibération, et, par conséquent, soumis à la prise en considération, proposa l'article additionnel suivant :

« Est abrogée toute disposition législative ou autre affectant ou obligeant d'affecter en dehors des prescriptions de la loi organique du Concordat, soit à des services du culte, soit à des établissements ecclésiastiques ou religieux, des immeubles appartenant aux communes.

« Des décrets rendus en Conseil d'État prononceront par espèce les désaffectations totales ou partielles.

« Les communes rentreront immédiatement en possession des immeubles qui leur appartiennent. »

Dans l'état actuel des choses, a dit l'auteur de l'amendement, un très grand nombre de biens communaux, de bâtiments communaux tout particulièrement, ont été affectés par voie d'ordonnances ou de décrets, à des services du culte qui ne sont pas compris dans les obligations concordataires. Les plus importants sont les petits séminaires. Or, d'après la jurisprudence du Conseil d'État, les communes, toutes les fois que l'affectation de ces immeubles était restée sans conteste ce qu'elle était à l'époque où elle a été concédée, n'avaient aucune espèce de recours, et les biens qui leur appartenaient restaient à perpétuité frappés de l'affectation qui avait été consentie, en grande majorité par des ordonnances datant de la Restauration.

Une loi était donc nécessaire pour changer ces affectations, de là la nécessité de voter l'amendement qui permet d'abroger les ordonnances et les décrets qui les ont édictées.

Ce sera évidemment un nouveau pas dans la direction de la politique concordataire dans laquelle la Chambre s'est engagée en supprimant certains privilèges concédés à l'Église catholique par les lois postérieures au Concordat, notamment *en lui enlevant le monopole des pompes funèbres, l'autorité supérieure dans les cimetières*.

Mais la commission, par l'organe de son rapporteur, M. de Marcère, a proposé la rédaction suivante à laquelle, du reste, M. Paul Bert et le gouvernement s'étaient ralliés.

Le nouveau dispositif fut ainsi conçu :

« Les Conseils municipaux pourront prononcer la désaffectation totale ou partielle des immeubles consacrés, en dehors des prescriptions et lois concordataires, soit aux cultes, soit à des services religieux ou établissements ecclésiastiques quelconques. »

Ces délibérations devaient être approuvées dans la forme où les délibérations prononçant l'affectation avaient été elles-mêmes approuvées.

M. de Marcère a expliqué que l'amendement de M. Paul Bert tendait à l'abrogation des dispositions qui ont affecté certains immeubles communaux au service du culte ou des établissements religieux contrairement aux articles organiques du Concordat.

Le texte proposé par la Commission laisse, au contraire, aux communes le soin de prendre telle résolution qu'il leur conviendra à cet égard, en se conformant à la procédure ordinaire.

Ce n'est donc plus une obligation, c'est une simple faculté. Au Conseil municipal de prendre telle délibération qui lui paraîtra loisible.

La commune est ainsi autorisée à faire ses revendications, qui seront examinées par l'administration supérieure, à dénoncer les conventions passées avec l'autorité ecclésiastique et à demander la désaffectation de l'immeuble.

L'autorité administrative en décidera, et en cas de difficulté juridique, c'est la justice qui statuera.

M. Freppel réplique au rapporteur et s'étonne qu'on introduise dans la loi municipale une disposition qui est une loi tout entière et qui préjuge la question des rapports des églises et de l'État.

La rédaction proposée par la Commission, ajoute-t-il, atténue la portée de l'amendement primitif : c'était la spoliation obligatoire ; ce n'est plus que la spoliation facultative ; mais c'est toujours la spoliation !

Le garde des sceaux succède à l'évêque d'Angers.

M. Martin Feuillée répond qu'il ne s'agit pas des immeubles affectés au service du culte en vertu des lois concordataires. Il ne s'agit aujourd'hui que des immeubles ayant reçu cette affectation en dehors des lois concordataires.

Or, la commune, étant mineure, ne peut agir que sous la tutelle de l'État. Cette aliénation du domaine communal, dans ces conditions, constituerait une pure donation, et les communes n'ont pas le droit de disposer à titre gratuit.

En effet, quand une commune a affecté un immeuble à un exercice ecclésiastique en dehors des conditions, on ne saurait soutenir que cette concession a un caractère perpétuel.

M. Paul Bert vient se rallier à la rédaction de la Commission.

Il n'y a entre les deux textes qu'une différence peu importante, c'est la commune au lieu du Conseil d'État qui aura à se prononcer sur la désaffectation, et, en effet, c'est plus conforme à la liberté municipale et plus conforme à la solution de certaines espèces ; il peut arriver que la commune, à raison de ses indemnités à payer, n'ait pas intérêt à poursuivre la désaffectation.

La rédaction de la Commission est ensuite adoptée et le Sénat la modifia légèrement en ajoutant ces mots « établissements *civils* ».

Art. 168

(Abrogation des textes antérieurs)

Sont abrogés :

« 1° Le titre XI, art. 3 de la loi des 16-24 août 1790 ;

« 2° Les art. 1, 2, 3 et 5 de la loi du 20 messidor an III ;

« 3° Les titres I, IV et V de la loi du 10 vendémiaire an IV ;

« 4° La loi du 29 vendémiaire an V, la loi du 17 vendémiaire an X, l'arrêté du 21 frimaire an XII ;

« 5° Les art. 36, n° 4, 39, 40, 92 à 103, du décret du 30 décembre 1809 ; la loi du 14 février 1810 ;

« 6° La loi du 18 juillet 1837 ;

« 7° L'ordonnance du 18 décembre 1838 ;

« 8° L'ordonnance du 15 juillet 1840 ;

« 9° L'ordonnance du 7 août 1842 ;

« 10° La loi du 19 juin 1851, à l'exception de l'art. 5 ;

« 11° Le décret des 4-11 septembre 1851 ;

« 12° L'art. 5, nos 13 et 21 du décret du 25 mars 1852 ;

« 13° La loi du 5 mai 1855 ;

« 14° Le décret du 13 avril 1861, tableau A, nos 42, 48, 50, 51, 56, 59 ;

« 15° La loi du 24 juillet 1867, à l'exception de la disposition de l'art. 9, relative à l'établissement du tarif général, et de l'article 17, lequel reste en vigueur provisoirement, mais seulement en ce qui concerne la ville de Paris.

« 16° La loi du 22 juillet 1870 ;

« 17° Les art. 1, 2, 3, 4, 5, 6, 8, 9, 18, 19, 20 de la loi du 14 avril 1871.

« 18° La loi du 4 avril 1873 ;

« 19° La loi du 20 janvier 1874 ;

« 20° La loi du 12 août 1876 ;

« 21° La loi du 21 avril 1881 ;

« 22° La loi du 28 mars 1882 ;

« Sont abrogés également pour les colonies, en ce qu'ils ont de contraire à la présente loi :

« 23° Le décret colonial du 12 juin 1827 (Martinique) ;

« 24° Le décret colonial du 20 septembre 1837 (Guadeloupe) ;

« 25° L'arrêté du 12 novembre 1848 (Réunion) ;

« 26° Le décret du 10 juin 1882 (Saint-Barthélemy) ;

« 27° L'art. 116 du décret du 20 novembre 1882 sur le régime financier des colonies, pour les colonies soumises à la présente loi ;

« 28° Et, en outre, toutes dispositions contraires à la présente loi, sauf celles qui concernent la ville de Paris. »

Le tarif général des taxes d'octroi est fait par un règlement d'administration publique, rendu après avis de tous les Conseils généraux de France.

Cet article comprenait la suppression de la loi du 5 avril 1882, mais sur l'observation du Ministre des finances, cette loi n'a pas été abrogée par la raison que *les plus imposés* dans les communes, dont le concours a été aboli pour le vote des contributions extraordinaires, peuvent être appelés à délibérer en matière de cadastre.

DISPOSITION TRANSITOIRE

Les sectionnements votés par les conseils généraux dans leur session du mois d'août 1883, recevront leur application dans toutes les communes qui en ont été l'objet, à l'occasion des élections municipales du 4 mai 1884.

ANNEXES

TABLEAU

DE LA REVISION ANNUELLE DES LISTES ÉLECTORALES

OPÉRATIONS	NOMBRE de JOURS	TERME des OPÉRATIONS
Préparation du tableau de rectifications. .	10	10 janvier
Délai accordé pour dresser le tableau de rectification.	4	14 —
Publication du tableau de rectification. . .	1	15 —
Délai ouvert aux réclamations.	20	4 février
Délai pour les décisions de la commission municipale.	6	9 —
Délai pour la notification des dernières décisions de la commission.	3	12 —
Délai d'appel devant le juge de paix. . . .	5	17 —
Délai pour les décisions du juge de paix. .	10	27 —
Délai pour les notifications des décisions du juge de paix.	3	2 mars
Délai d'appel en cassation.	10	12 —
Clôture de la liste.	»	31 —

TABLEAU

DES INCAPACITÉS ET DES PÉNALITÉS

EN MATIÈRE ÉLECTORALE

NOMENCLATURE par ORDRE ALPHABÉTIQUE des crimes, délits ou autres causes d'incapacité	NATURE et durée des peines emportant l'exclusion de la liste électorale	DURÉE de l'exclusion	ARTICLES du décret organique qui prononcent l'exclusion
Abus de confiance. (C. P. art. 406 à 409.)	Emprisonnement quelle qu'en soit la durée.	Perpétuelle.	Art. 15, § 5.
Arbre abattu, sachant qu'il appartient à autrui. (C. P., art. 445.)	Emprisonnement de 3 mois au moins.	Idem.	Art. 15, § 10.
Arbre mutilé, coupé ou écorcé de manière à le faire périr, sachant qu'il appartient à autrui. (C. P., art. 446.)	Idem.	Idem.	Idem.
Attaque publique contre la liberté des cultes, le principe de la propriété et les droits de la famille. (Loi du 11 août 1848, art. 3.)	Quelle que soit la peine.	Idem.	Art. 15, § 6.
Attroupements (Délits prévus par la loi sur les). Lois des 10 avril 1831 et 7 juin 1848.)	Emprisonnement de plus d'un mois.	L'exclusion dure 5 ans, à dater de l'expiration de la peine.	Art. 16.
Clubs (Délits prévus par la loi sur les). Loi du 28 juillet 1848.)	Idem.	Idem.	Idem.
Colportage d'écrits (Infractions à la loi sur le). Loi du 27 juillet 1849.)	Idem.	Idem.	Idem.
Crimes suivis d'une condamnation à des peines afflictives et infamantes (travaux forcés, déportation, détention et réclusion), ou à des peines infamantes seulement (bannissement, dégradation civique). (C. P., art. 7 et 8.)	Quelle que soit la durée de la peine.	Perpétuelle.	Art. 16, § 1.

NOMENCLATURE par ORDRE ALPHABÉTIQUE des crimes, délits ou autres causes d'incapacité		NATURE et durée des peines emportant l'exclusion de la liste électorale	DURÉE de l'exclusion	ARTICLES du décret organique qui prononcent l'exclusion
Crimes suivis d'une condamnation à l'emprisonnement correctionnel en vertu de l'art. 463 du C. P.		Quelle que soit la durée de la peine.	Perpétuelle.	Art. 15, § 3.
Deniers publics soustraits par les dépositaires auxquels ils étaient confiés. (C. P. art. 169 à 171.)		Emprisonnement quelle qu'en soit la durée.	Idem.	Art. 15, § 5.
Destruction de registres, minutes, actes originaux de l'autorité publique, titres, billets, lettres de change, effets de commerce ou de banque, contenant ou opérant obligation, disposition ou décharge. (C. P., art. 439.)		Emprisonnement de 3 mois au moins.	Idem.	Art. 15, § 10.
ÉLECTIONS	**Bulletin** ajouté, soustrait ou altéré par les personnes chargées, dans un scrutin, de recevoir, compter ou dépouiller les bulletins contenant les suffrages des citoyens.	Emprisonnement de plus de 3 mois.	Idem.	Art. 15, § 7, Art. 35.
	Lecture de noms autres que ceux inscrits.	Idem.	Idem.	Idem.
	Inscriptions sur le bulletin d'autrui de noms autres que ceux qu'on était chargé d'y inscrire.	Idem.	Idem.	Art. 15, § 7, art. 36.
	Collège électoral. (Irruption dans un collège elector. consommée ou tentée avec violence, en vue d'empêcher un choix.)	Idem.	Idem.	Art. 15, § 7, art. 42.
	Liste électorale. (Inscription obtenue sous de faux noms ou de fausses qualités ou en dissimulant une incapacité prévue par la loi.)	Idem.	Idem.	Art. 15, § 7, art. 31.
	Liste électorale. (Inscription réclamée et obtenue sur deux ou plusieurs listes.)	Idem.	Idem.	Idem.

	NOMENCLATURE par ORDRE ALPHABÉTIQUE des crimes, délits ou autres causes d'incapacité	NATURE et durée des peines emportant l'exclusion de la liste électorale	DURÉE de l'exclusion	ARTICLES du décret organique qui prononcent l'exclusion
ÉLECTIONS	**Opérations électorales**, retardées ou empêchées au moyen de voies de fait ou menaces par des électeurs. — Bureau outragé dans son ensemble ou dans l'un de ses membres, par des électeurs, pendant la réunion. — Scrutin violé.	Emprisonnement de plus de 3 mois.	Perpétuelle.	Art. 15, § 7, art. 45.
	Opérations électorales troublées par attroupements, clameurs ou démonstrations menaçantes. — Atteinte portée à l'exercice du droit électoral ou à la liberté du vote.	Idem.	Idem.	Art. 15, § 7, art. 41.
	Suffrages. Deniers ou valeurs quelconques donnés, promis ou reçus, sous la condition soit de donner ou de procurer un suffrage, soit de s'abstenir de voter. — Offre ou promesse faite ou acceptée, sous les mêmes conditions, d'emplois publics ou privés.	Idem.	Idem.	Art. 15, § 7, art. 38.
	Suffrages influencés, soit par voies de fait, violences ou menaces contre un électeur, soit en lui faisant craindre de perdre son emploi ou d'exposer à un dommage sa personne, sa famille ou sa fortune. — Abstention de voter déterminée par les mêmes moyens.	Idem.	Idem.	Art. 15, § 7, art. 39.
	Suffrages surpris ou détournés à l'aide de fausses nouvelles, bruits calomnieux ou autres manœuvres frauduleuses. — Abstention de voter déterminée par les mêmes moyens.	Idem.	Idem.	Art. 15, § 7, art. 40.
	Urne contenant les suffrages émis et non encore dépouillés (Enlèvement de l').	Idem.	Idem.	Art. 15, § 7, art. 46.

NOMENCLATURE par ORDRE ALPHABÉTIQUE des crimes, délits ou autres causes d'incapacité	NATURE et durée des peines emportant l'exclusion de la liste électorale	DURÉE de l'exclusion	ARTICLES du décret organique qui prononcent l'exclusion
ÉLECTIONS. **Vote** en vertu d'une inscription obtenue sous de faux noms ou de fausses qualités, ou en dissimulant une incapacité, ou en prenant faussement les noms et qualités d'un électeur inscrit.	Emprisonnement de plus de 3 mois.	Perpétuelle.	Art. 15, § 7, art. 33.
ÉLECTIONS. **Vote** multiple, à l'aide d'une inscription multiple.	Idem.	Idem.	Art. 15, § 7, art. 34.
Empoisonnement de chevaux ou autres bêtes de voiture, de monture ou de charge, de bestiaux à cornes, de moutons, chèvres ou porcs, ou de poissons dans des étangs, viviers ou réservoirs. (C. P., art. 452.)	Emprisonnement de 3 mois au moins.	Idem.	Art. 15, § 10.
Escroquerie. (C. P., art. 405.)	Emprisonnement quelle qu'en soit la durée.	Idem.	Art. 15, § 5.
Faillite déclarée soit par les tribunaux français, soit par jugement rendu à l'étranger, mais exécutoire en France. (C. com., art. 437 et suiv.)		L'exclusion cesse après la réhabilitation.	Art. 15, § 17.
Falsification de boissons et de substances ou denrées alimentaires ou médicamenteuses destinées à être vendues. — Vente ou mise en vente de ces denrées, sachant qu'elles sont falsifiées ou corrompues. (Loi du 27 mars 1851, art. 1er et loi du 5 mai 1855.)	Idem.	Perpétuelle.	Art. 15, § 14.
Greffe détruite. (C. P., art. 447.)	Emprisonnement de 3 mois au moins.	Idem.	Art. 15, § 10.
Interdiction civile pour cause d'imbécillité, de démence ou de fureur. (C. civ., art. 489 et suivants.)		L'exclusion cesse à la levée judicre de l'interdiction. (C. C., art. 512.)	Art. 15, § 16.

NOMENCLATURE par ORDRE ALPHABÉTIQUE des crimes, délits ou autres causes d'incapacité	NATURE et durée des peines emportant l'exclusion de la liste électorale	DURÉE de l'exclusion	ARTICLES du décret organique qui prononcent l'exclusion
Interdiction correctionnelle du droit de vote et d'élection. (C. P., art. 42, 86, 89, 91, 123.)		La durée de l'exclusion est fixée par le jugem^t et court à dater de l'expiration de la peine.	Art. 15, § 2.
Ivresse. (Délit prévu par la loi du 23 janvier 1873, art. 3.)	Deux condamnations par le tribunal de police correctionnelle.	L'exclusion dure 2 ans à partir du jour où la condamnation est devenue irrévocable.	
Jeux de hasard. (Maison de). C. P., art. 410.)	Quelle que soit la peine.	Perpétuelle.	Art. 15, § 11.
Marchandises ou matières servant à la fabrication, gâtées volontairement. (C. P. art. 443.)	Emprisonnement de 3 mois au moins.	Idem.	Art. 15, § 10.
Mendicité (C. P., art. 274 à 279.)	Quelle que soit la peine.	Idem.	Art. 15, § 9.
Militaires condamnés au boulet ou aux travaux publics.	Quelle que soit la durée de la peine.	Idem.	Art. 15, § 12.
Mœurs (Attentats aux). (C. P., art. 330 et 334.)	Quelle que soit la peine.	Idem.	Art. 15, § 2.
Officiers ministériels (avoués, huissiers, greffiers, notaires), destitués en vertu de jugements ou de décisions judiciaires.	Idem.	Idem.	Art. 15, § 8.
Outrage public à la morale publique et religieuse et aux bonnes mœurs. (Loi du 17 mai 1819, art. 8.)	Idem.	Idem.	Art. 15, § 6.
Outrage public envers un juré à raison de ses fonctions ou envers un témoin à raison de ses dépositions. (Loi du 25 mars 1822, art. 6.)	Emprisonnement de plus d'un mois.	L'exclusion dure 5 ans à dater de l'expiration de la peine.	Art. 16.

NOMENCLATURE par ORDRE ALPHABÉTIQUE des crimes, délits ou autres causes d'incapacité	NATURE et durée des peines emportant l'exclusion de la liste électorale	DURÉE de l'exclusion	ARTICLES du décret organique qui prononcent l'exclusion
Outrage et violences envers les dépositaires de l'autorité ou de la force publique. (C. P. art. 222 à 230.)	Emprisonnement de plus d'un mois.	Perpétuelle.	Art. 16.
Prêts sur gages ou nantissement (Maisons de) établies ou tenues sans autorisation légale. — Registre non tenu. (C. P., art. 411.)	Quelle que soit la peine.	Idem.	Art. 15, § 11.
Rébellion envers les dépositaires de l'autorité ou de la force publique. (C. P., art. 209 à 221.)	Emprisonnement de plus d'un mois	L'exclusion dure 5 ans à dater de l'expiration de la peine.	Art. 16.
Récolte (Dévastation de). C. P., art. 444.)	Emprisonnement de 3 mois au moins.	Perpétuelle.	Art. 15, § 10.
Recrutement. Jeunes gens omis sur les tableaux de recensement, par suite de fraude ou manœuvre. (Loi du 27 juillet 1872, art. 60.)	Emprisonnement quelle qu'en soit la durée.	Idem.	Art. 15, § 13.
Recrutement. Jeunes gens appelés à faire partie du contingent de leur classe, qui se sont rendus impropres au service militaire, soit temporairement, soit d'une manière permanente, dans le but de se soustraire aux obligations imposées par la loi ; complicité. (Loi du 27 juillet 1872, art. 63.)	Emprisonnement quelle qu'en soit la durée.	Perpétuelle.	Art. 15, § 13.
Recrutement. Substitution ou remplacement effectué, soit en contravention à la loi, soit au moyen de pièces fausses ou de manœuvres frauduleuses. — Complicité. (Loi du 21 mars 1832, art. 43.)	Idem.	Idem.	Idem.
Recrutement. Médecins, chirurgiens ou officiers de santé qui, déjà désignés pour assister au conseil de revision ou dans la prévoyance de cette désignation, ont reçu des dons ou agréé des promesses pour être favorables aux jeunes gens qu'ils doivent	Idem.	Idem.	Idem.

NOMENCLATURE par ORDRE ALPHABÉTIQUE des crimes, délits ou autres causes d'incapacité	NATURE et durée des peines emportant l'exclusion de la liste électorale	DURÉE de l'exclusion	ARTICLES du décret organique qui prononcent l'exclusion
examiner, ou qui ont reçu des dons pour une réforme justement prononcée. (Loi du 27 juillet 1872, art. 66.)			
Service militaire à l'étranger pris par un Français majeur, sans autorisation du Gouvernement.		L'exclusion dure jusqu'à ce que la qualité de Français ait été recouvrée.	Art. 12.
Tromperie sur le titre des matières d'or ou d'argent, sur la qualité d'une pierre fausse vendue pour fine, sur la nature de toutes marchandises. (C. P., 423.)	Emprisonnement de 3 mois au moins.	Perpétuelle.	Art. 15, § 4.
Tromperie par le vendeur ou l'acheteur sur la quantité des marchandises livrées. (Loi du 27 mars 1851, art. 1er, n° 3.)	Emprisonnement quelle qu'en soit la durée.	Idem.	Art. 15, § 14.
Usure. (Lois du 3 sept. 1807 et du 19 déc. 1850.)	Quelle que soit la peine.	Idem.	Art. 15, § 5.
Vagabondage. (C. P., art. 269 à 271.)	Idem.	Idem.	Art. 15. § 9.
Vol. (C. P. art. 379, 388, 401.)	Idem.	Idem.	Art. 15, § 5.

LOIS CONSTITUTIONNELLES

LOI DU 25 FÉVRIER 1875 RELATIVE A L'ORGANISATION DES POUVOIRS

Article premier. Le pouvoir législatif s'exerce par deux assemblées : la Chambre des députés et le Sénat. La Chambre des députés est nommée par le suffrage universel, dans les conditions déterminées par la loi électorale. La composition, le mode de nomination et les attributions du Sénat seront réglés par une loi spéciale.

Art. 2. Le Président de la République est élu à la majorité absolue des suffrages par le Sénat et par la Chambre des députés réunis en Assemblée nationale. — Il est nommé pour sept ans. Il est rééligible.

Art. 3. Le Président de la République a l'initiative des lois, concurremment avec les membres des deux Chambres. Il promulgue les lois lorsqu'elles ont été votées par les deux Chambres; il en surveille et en assure l'exécution. — Il a le droit de faire grâce; les amnisties ne peuvent être accordées que par une loi. — Il dispose de la force armée. — Il nomme à tous les emplois civils et militaires. — Il préside aux solennités nationales; les envoyés et les ambassadeurs des puissances étrangères sont accrédités auprès de lui. — Chacun des actes du Président de la République doit être contre-signé par un ministre.

Art. 4. Au fur et à mesure des vacances qui se produiront à partir de la promulgation de la présente loi, le Président de la République nomme, en conseil des ministres, les conseillers d'État en service ordinaire. — Les conseillers d'État ainsi nommés ne pourront être révoqués que par décret rendu en conseil des ministres. — Les conseillers d'État nommés en vertu de la loi du 24 mai 1872 ne pourront, jusqu'à l'expiration de leurs pouvoirs, être révoqués que dans la forme déterminée par cette loi. Après la séparation de l'Assemblée nationale, la révocation ne pourra être prononcée que par une résolution du Sénat.

ART. 5. Le Président de la République peut, sur l'avis conforme du Sénat, dissoudre la Chambre des députés avant l'expiration légale de son mandat. — En ce cas, les collèges électoraux sont convoqués pour de nouvelles élections dans le délai de trois mois.

ART. 6. Les ministres sont solidairement responsables devant les chambres de la politique générale du gouvernement, et individuellement de leurs actes personnels. — Le Président de la République n'est responsable que dans le cas de haute trahison.

ART. 7. En cas de vacance par décès ou pour toute autre cause, les deux Chambres réunies procèdent immédiatement à l'élection d'un nouveau Président. — Dans l'intervalle, le Conseil des ministres est investi du pouvoir exécutif.

ART. 8. Les Chambres auront le droit, par délibérations séparées, prises dans chacune à la majorité absolue des voix, soit spontanément, soit sur la demande du Président de la République, de déclarer qu'il y a lieu de reviser les lois constitutionnelles. — Après que chacune des deux Chambres aura pris cette résolution, elles se réuniront en Assemblée nationale pour procéder à la revision. — Les délibérations portant revision des lois constitutionnelles, en tout ou en partie, devront être prises à la majorité absolue des membres composant l'Assemblée nationale. — Toutefois, pendant la durée des pouvoirs conférés par la loi du 20 novembre 1873 à M. le maréchal de Mac-Mahon, cette revision ne peut avoir lieu que sur la proposition du Président de la République.

ART. 9. Le siège du pouvoir exécutif et des deux Chambres est à Versailles.

LOI DU 24 FÉVRIER 1875 RELATIVE A L'ORGANISATION DU SÉNAT

ARTICLE PREMIER. Le Sénat se compose de trois cents membres : — Deux cent vingt-cinq élus par les départements et les colonies, et soixante-quinze élus par l'Assemblée nationale.

ART. 2. Les départements de la Seine et du Nord éliront chacun cinq sénateurs. — Les départements de la Seine-Inférieure, Pas-de-Calais, Gironde, Rhône, Finistère, Côtes-du-Nord, chacun quatre sénateurs. — La Loire-Inférieure, Saône-et-Loire, Ille-et-Vilaine, Seine-et-Oise, Isère, Puy-de-Dôme, Somme, Bouches-du-Rhône, Aisne, Loire, Manche, Maine-et-Loire, Morbihan, Dordogne, Haute-Garonne, Charente-Inférieure, Calvados, Sarthe, Hérault, Basses-Pyrénées, Gard, Aveyron, Vendée, Orne, Oise, Vosges, Allier, chacun trois sénateurs. — Tous les autres départements, chacun deux sénateurs. — Le territoire de Belfort, les trois départements de l'Algérie, les quatre colonies de la Martinique, de la Guadeloupe, de la Réunion et des Indes françaises éliront chacun un sénateur.

ART. 3. Nul ne peut être sénateur, s'il n'est Français, âgé de quarante ans au moins et s'il ne jouit de ses droits civils et politiques.

ART. 4. Les sénateurs des départements et des colonies sont élus à la majorité absolue, et, quand il y a lieu, au scrutin de liste, par un collège réuni au chef-lieu du département ou de la colonie et composé : — 1° des députés; — 2° des conseillers généraux; — 3° des conseillers d'arrondissement; — 4° des délégués élus, un par chaque conseil municipal, parmi les électeurs de la commune. — Dans l'Inde française, les membres du conseil colonial ou des conseils locaux sont substitués aux conseillers généraux, aux conseillers d'arrondissement et aux délégués des conseils municipaux. — Ils votent au chef-lieu de chaque établissement.

ART. 5. Les sénateurs nommés par l'Assemblée sont élus au scrutin de liste et à la majorité absolue des suffrages.

ART. 6. Les sénateurs des départements et des colonies sont élus pour neuf années et renouvelables par tiers, tous les trois ans. — Au début de la première session, les départements seront divisés en trois séries contenant chacune un égal nombre de sénateurs. Il sera procédé, par la voie du tirage au sort, à la désignation des séries qui devront être renouvelées à l'expiration de la première et de la deuxième période triennale.

ART. 7. Les sénateurs élus par l'Assemblée son inamovibles. — En cas de vacance par décès, démission ou autre cause, il sera, dans les deux mois, pourvu au remplacement par le Sénat lui-même.

ART. 8. Le Sénat a, concurremment avec la Chambre des députés, l'initiative et la confection des lois. Toutefois, les lois de finances doivent être, en premier lieu, présentées à la chambre des députés et votées par elle.

ART. 9. Le Sénat peut être constitué en cour de justice pour juger, soit le Président de la République, soit les ministres, et pour connaître des attentats commis contre la sûreté de l'État.

ART. 10. Il sera procédé à l'élection du Sénat un mois avant l'époque fixée par l'Assemblée nationale pour sa séparation. Le Sénat entrera en fonctions et se constituera le jour même où l'Assemblée nationale se séparera.

ART. 11. La présente loi ne pourra être promulguée qu'après le vote définitif de la loi sur les pouvoirs publics.

LOI CONSTITUTIONNELLE DU 16 JUILLET 1875 SUR LES RAPPORTS DES POUVOIRS PUBLICS

Art. 1er. Le Sénat et la Chambre des députés se réunissent chaque année le second mardi de janvier, à moins d'une convocation antérieure faite par le Président de la République. — Les deux Chambres doivent être réunies en session cinq mois au moins chaque année. La session de l'une commence et finit en même temps que celle de l'autre. — Le dimanche qui suivra la rentrée, des prières publiques seront adressées à Dieu dans les églises et dans les temples pour appeler son secours sur les travaux des Assemblées.

Art. 2. Le Président de la République prononce la clôture de la session. Il a le droit de convoquer extraordinairement les Chambres. Il devra les convoquer si la demande en est faite, dans l'intervalle des sessions, par la majorité absolue des membres composant chaque Chambre. — Le Président peut ajourner les Chambres. Toutefois, l'ajournement ne peut excéder le terme d'un mois ni avoir lieu plus de deux fois dans la même session.

Art. 3. Un mois au moins avant le terme légal des pouvoirs du Président de la République, les Chambres devront être réunies en Assemblée nationale pour procéder à l'élection du nouveau Président. — A défaut de convocation, cette réunion aurait lieu de plein droit le quinzième jour avant l'expiration de ces pouvoirs. — En cas de décès ou de démission du Président de la République, les deux Chambres se réunissent immédiatement et de plein droit. — Dans le cas où, par application de l'art. 5 de la loi du 25 février 1875, la Chambre des députés se trouverait dissoute au moment où la présidence de la république deviendrait vacante, les collèges électoraux seraient aussitôt convoqués et le Sénat se réunirait de plein droit.

Art. 4. Toute assemblée de l'une des deux Chambres qui serait tenue hors du temps de la session commune est illicite et nulle de plein droit, sauf le cas prévu par l'article précédent et celui où le Sénat est réuni comme cour de justice ; et, dans ce dernier cas, il ne peut exercer que des fonctions judiciaires.

Art. 5. Les séances du Sénat et celles de la Chambre des députés sont publiques. — Néanmoins, chaque Chambre peut se former en comité secret, sur la demande d'un certain nombre de ses membres, fixé par le règlement. Elle décide ensuite, à la majorité absolue, si la séance doit être reprise en public sur le même sujet.

Art. 6. Le Président de la République communique avec les Chambres par des messages qui sont lus à la tribune par un ministre. — Les ministres ont leur entrée dans les deux Chambres et doivent être entendus quand ils le demandent. Ils peuvent se faire assister par des commissaires désignés, pour la discussion d'un projet de loi déterminé, par décret du Président de la République.

Art. 7. Le Président de la République promulgue les lois dans le mois qui suit la transmission au Gouvernement de la loi définitivement adoptée. Il doit promulguer dans les trois jours les lois dont la promulgation, par un vote exprès dans l'une et l'autre Chambre, aura été déclarée urgente. — Dans le délai fixé pour la promulgation, le Président de la République peut, par un message motivé, demander aux deux Chambres une nouvelle délibération qui ne peut être refusée.

Art. 8. Le Président de la République négocie et ratifie les traités. Il en donne connaissance aux Chambres aussitôt que l'intérêt et la sûreté de l'État le permettent. — Les traités de paix, de commerce, les traités qui engagent les finances de l'État, ceux qui sont relatifs à l'état des personnes et au droit de propriété des Français à l'étranger, ne sont définitifs qu'après avoir été votés par les deux Chambres. Nulle cession, nul échange, nulle adjonction de territoire ne peut avoir lieu qu'en vertu d'une loi.

Art. 9. Le Président de la République ne peut déclarer la guerre sans l'assentiment préalable des deux Chambres.

Art. 10. Chacune des Chambres est juge de l'éligibilité de ses membres et de la régularité de leur élection ; elle peut seule recevoir leur démission.

Art. 11. Le bureau de chacune des deux Chambres est élu chaque année pour la durée de la session et pour toute session extraordinaire qui aurait lieu avant la session ordinaire de l'année suivante. — Lorsque les deux Chambres se réunissent en Assemblée nationale, leur bureau se compose des président, vice-présidents et secrétaires du Sénat.

Art. 12. — Le Président de la République ne peut être mis

en accusation que par la Chambre des députés et ne peut être jugé que par le Sénat. — Les ministres peuvent être mis en accusation par la Chambre des députés pour crimes commis dans l'exercice de leurs fonctions. En ce cas, ils sont jugés par le Sénat. — Le Sénat peut être constitué en cours de justice par un décret du Président de la République, rendu en conseil des ministres, pour juger toute personne prévenue d'attentat commis contre la sûreté de l'État. — Si l'instruction est commencée par la justice ordinaire, le décret de convocation du Sénat peut être rendu jusqu'à l'arrêt de renvoi. — Une loi déterminera le mode de procéder pour l'accusation, l'instruction et le jugement.

Art. 13. — Aucun membre de l'une ou de l'autre Chambre ne peut être poursuivi ou recherché à l'occasion des opinions ou votes émis par lui dans l'exercice de ses fonctions.

Art. 14. — Aucun membre de l'une ou de l'autre Chambre ne peut, pendant la durée de la session, être poursuivi ou arrêté en matière criminelle ou correctionnelle qu'avec l'autorisation de la Chambre dont il fait partie, sauf le cas de flagrant délit. — La détention ou la poursuite d'un membre de l'une ou de l'autre Chambre est suspendue pendant la session, et pour toute sa durée, si la Chambre le requiert.

LOI ORGANIQUE DU 2 AOUT 1875
SUR LES ÉLECTIONS DES SÉNATEURS

ARTICLE PREMIER. Un décret du Président de la République, rendu au moins six semaines à l'avance, fixe le jour où doivent avoir lieu les élections pour le Sénat et en même temps celui où doivent être choisis les délégués des conseils municipaux. Il doit y avoir un intervalle d'un mois au moins entre le choix des délégués et l'élection des sénateurs.

ART. 2. Chaque conseil municipal élit un délégué. L'élection se fait sans débat, au scrutin secret, à la majorité absolue des suffrages. Après deux tours de scrutin, la majorité relative suffit, et, en cas d'égalité de suffrages, le plus âgé est élu. Si le maire ne fait pas partie du conseil municipal, il présidera, mais il ne prendra pas part au vote. — Il est procédé le même jour et dans la même forme à l'élection d'un suppléant qui remplace le délégué en cas de refus ou d'empêchement. — Le choix des conseils municipaux ne peut porter ni sur un député, ni sur un conseiller général, ni sur un conseiller d'arrondissement. — Il peut porter sur tous les électeurs de la commune, y compris les conseillers municipaux, sans distinction entre eux.

ART. 3. Dans les communes où il existe une commission municipale, le délégué et le suppléant seront nommés par l'ancien conseil.

ART. 4. Si le délégué n'a pas été présent à l'élection, notification lui en est faite dans les vingt-quatre heures par les soins du maire. Il doit faire parvenir au préfet, dans les cinq jours, l'avis de son acceptation. En cas de refus ou de silence, il est remplacé par le suppléant qui est alors porté sur la liste comme délégué de la commune.

ART. 5. Le procès-verbal de l'élection du délégué et du suppléant est transmis immédiatement au préfet ; il mentionne l'acceptation ou le refus des délégués et suppléants ainsi que les protestations élevées contre la régularité de l'élection par un ou plusieurs membres du conseil municipal. Une copie de ce procès-verbal est affichée à la porte de la mairie.

ART. 6. Un tableau des résultats de l'élection des délégués et suppléants est dressé dans la huitaine par le préfet; ce tableau est communiqué à tout requérant; il peut être copié et publié. — Tout électeur a, de même, la faculté de prendre dans les bureaux de la préfecture communication et copie de la liste, par commune, des conseillers municipaux du département, et, dans les bureaux des sous-préfectures, de la liste, par commune, des conseillers municipaux de l'arrondissement.

ART. 7. Tout électeur de la commune peut, dans un délai de trois jours, adresser directement au préfet une protestation contre la régularité de l'élection. — Si le préfet estime que les opérations ont été irrégulières, il a le droit d'en demander l'annulation.

ART. 8. Les protestations relatives à l'élection du délégué ou du suppléant sont jugées, sauf recours au Conseil d'État, par le conseil de préfecture, et, dans les colonies, par le conseil privé. — Le délégué dont l'élection est annulée parce qu'il ne remplit pas une des conditions exigées par la loi ou pour vice de forme, est remplacé par le suppléant. — En cas d'annulation de l'élection du délégué et celle du suppléant, comme au cas de refus ou de décès de l'un et de l'autre après leur acceptation, il est procédé à de nouvelles élections par le conseil municipal au jour fixé par un arrêté du préfet.

ART. 9. Huit jours au plus tard avant l'élection des sénateurs, le préfet et, dans les colonies, le directeur de l'intérieur, dresse la liste des électeurs du département par ordre alphabétique. La liste est communiquée à tout requérant, et peut être copiée et publiée. Aucun électeur ne peut avoir plus d'un suffrage.

ART. 10. Les députés, les membres du conseil général ou des conseils d'arrondissements qui auraient été proclamés par les commissions de recensement, mais dont les pouvoirs n'auraient pas été vérifiés, sont inscrits sur la liste des électeurs et peuvent prendre part au vote.

ART. 11. Dans chacun des trois départements de l'Algérie, le collège électoral se compose : 1° des députés; 2° des membres citoyens français du conseil général; 3° des délégués élus par les membres citoyens français de chaque conseil municipal parmi les électeurs citoyens français de la commune.

ART. 12. Le collège électoral est présidé par le président du Tribunal civil du chef-lieu du département ou de la colonie. Le président est assisté des deux plus âgés et des deux plus jeunes électeurs présents à l'ouverture de la séance. Le bureau ainsi composé choisit un secrétaire parmi les électeurs. — Si le président est empêché, il est remplacé par le vice-président, et à son défaut, par le juge le plus ancien.

Art. 13. Le bureau répartit les électeurs par ordre alphabétique en sections de vote comprenant au moins cent électeurs. Il nomme les présidents et scrutateurs de chacune de ces sections. Il statue sur toutes les difficultés et contestations qui peuvent s'élever au cours de l'élection, sans pouvoir toutefois s'écarter des décisions rendues en vertu de l'art. 8 de la présente loi.

Art. 14. Le premier scrutin est ouvert à huit heures du matin et fermé à midi. Le second est ouvert à deux heures et fermé à quatre heures. Le troisième, s'il y a lieu, est ouvert à six heures et fermé à huit heures. Les résultats des scrutins sont recensés par le bureau et proclamés le même jour par le président du collège électoral.

Art. 15. Nul n'est élu sénateur à l'un des deux premiers tours de scrutin s'il ne réunit : 1° la majorité absolue des suffrages exprimés; 2° un nombre de voix égal au quart des électeurs inscrits. Au troisième tour de scrutin, la majorité relative suffit, et, en cas d'égalité de suffrages, le plus âgé est élu.

Art. 16. Les réunions électorales pour la nomination des sénateurs pourront avoir lieu en se conformant aux règles tracées par la loi du 6 juin 1868, sauf les modifications suivantes : — 1° Ces réunions pourront être tenues depuis le jour de la nomination des délégués jusqu'au jour du vote inclusivement; — 2° Elles doivent être précédées d'une déclaration faite la veille, au plus tard, par sept électeurs sénatoriaux de l'arrondissement et indiquant le local, le jour et l'heure où la réunion doit avoir lieu, et les noms, profession et domicile des candidats qui s'y présenteront; — 3° L'autorité municipale veillera à ce que nul ne s'introduise dans la réunion s'il n'est député, conseiller général, conseiller d'arrondissement, délégué ou candidat. — Le délégué justifiera de sa qualité par un certificat du maire de sa commune, le candidat par un certificat du fonctionnaire qui aura reçu la déclaration mentionnée au paragraphe précédent.

Art. 17. Les délégués qui auront pris part à tous les scrutins recevront, sur les fonds de l'État, s'ils le requièrent: sur la présentation de leur lettre de convocation visée par le résident du collège électoral, une indemnité de déplacement qui leur sera payée sur les mêmes bases et de la même manière que celle accordée aux jurés par les art. 35, 90 et suivants du décret du 18 juin 1811. — Un règlement d'administration publique déterminera le mode de taxation et de paiement de cette indemnité.

Art. 18. Tout délégué qui, sans cause légitime, n'aura pas pris part à tous les scrutins ou, étant empêché, n'aura point averti le suppléant en temps utile, sera condamné à une amende de 50 fr. par le Tribunal civil du chef-lieu sur les réquisitions du ministère public. — La même peine peut être appliquée au délégué suppléant qui, averti par lettre, dépêche télégraphique ou avis à lui personnellement délivré en temps utile, n'aura pas pris part aux opérations électorales.

Art. 19. Toute tentative de corruption par l'emploi des moyens énoncés dans les articles 177 et suivants du Code pénal, pour influencer le vote d'un électeur ou le déterminer à s'abstenir de voter, sera punie d'un emprisonnement de trois mois à deux ans et d'une amende de 50 à 500 fr., ou de l'une de ces deux peines seulement. — L'article 463 du Code pénal est applicable aux peines édictées par le présent article.

Art. 20. Il y a incompatibilité entre les fonctions de sénateur et celles : de conseiller d'État et maître des requêtes, préfet et sous-préfet, à l'exception du préfet de la Seine et du préfet de police ; de membre des parquets des cours d'appel et des tribunaux de première instance, à l'exception du procureur général près la Cour de Paris ; de trésorier-payeur général, de receveur particulier, de fonctionnaire et employé des administrations centrales des ministères.

Art. 21. Ne peuvent être élus par le département ou la colonie compris en tout ou en partie dans leur ressort, pendant l'exercice de leurs fonctions et pendant les six mois qui suivent la cessation de leurs fonctions par démission, destitution, changement de résidence ou de toute autre manière : — 1° Les premiers présidents, les présidents et les membres des parquets des cours d'appel ; — 2° Les présidents, les vice-présidents, les juges d'instruction et les membres des parquets des tribunaux de première instance ; — 3° Le préfet de police, les préfets et sous-préfets et les secrétaires généraux des préfectures ; les gouverneurs, directeurs de l'intérieur et secrétaires généraux des colonies ; — 4° les ingénieurs en chef et d'arrondissement, et les agents-voyers en chef et d'arrondissement ; — 5° Les recteurs et inspecteurs d'académie ; — 6° Les inspecteurs des écoles primaires ; — 7° Les archevêques, évêques, vicaires généraux ; — 7° Les officiers de tout grade de l'armée de terre et de mer ; — 9° Les intendants divisionnaires et les sous-intendants militaires ; — 10° Les trésoriers-payeurs généraux et les receveurs particuliers des finances ; — 11° Les directeurs des contributions directes et indirectes, de l'enregistrement et des domaines, et des postes; — 12° Les conservateurs et inspecteurs des forêts.

Art. 22. Le sénateur élu dans plusieurs départements doit faire connaître son option au président du Sénat dans les dix jours qui suivent la déclaration de la validité de ces élections. A défaut d'option dans ce délai, la question est décidée par la voie du sort et en séance publique. — Il est pourvu à la vacance dans le délai d'un mois et par le même corps électoral. — Il en est de même dans le cas d'invalidation d'une élection.

Art. 23. Si, par décès ou démission, le nombre des sénateurs d'un département est réduit de moitié, il est pourvu aux vacances dans le délai de trois mois, à moins que les vacances ne surviennent dans les douze mois qui précèdent le renouvellement triennal. — A l'époque fixée pour le renouvellement triennal, il sera pourvu à toutes les vacances qui se seront produites, quel qu'en soit le nombre et quelle qu'en soit la date.

Art. 24. L'élection des sénateurs nommés par l'Assemblée nationale est faite en séance publique, au scrutin de liste et à la majorité absolue des votants, quel que soit le nombre des épreuves.

Art. 25. Lorsqu'il y a eu lieu de pourvoir au remplacement des sénateurs nommés en vertu de l'art. 7 de la loi du 24 février 1875, le Sénat procède dans les formes indiquées par l'article précédent.

Art. 26. Les membres du Sénat reçoivent la même indemnité que ceux de la Chambre des députés.

Art. 27. Sont applicables à l'élection du Sénat toutes les dispositions de la loi électorale relatives : — 1° Aux cas d'indignité et d'incapacité; — 2° Aux délits, poursuites et pénalités ; — 3° Aux formalités de l'élection en tout ce qui ne serait pas contraire aux dispositions de la présente loi.

LOI POUR LES ÉLECTIONS A LA CHAMBRE DES DÉPUTÉS DU 30 NOVEMBRE 1875

ART. 1er. Les députés seront nommés par les électeurs inscrits :

1° Sur les listes dressées en exécution de la loi du 7 juillet 1874 ;

2° Sur la liste complémentaire comprenant ceux qui résident dans la commune depuis six mois.

L'inscription sur la liste complémentaire aura lieu conformément aux lois et règlements qui régissent actuellement les listes électorales politiques, par les commissions et suivant les formes établies dans les art. 1, 2, 3 et 4 de la loi du 7 juillet 1874.

Les listes électorales arrêtées au 31 mars 1875, en exécution de ces lois, serviront jusqu'au 31 mars 1876.

Les pourvois en cassation relatifs à la formation et à la révision de l'une ou de l'autre liste seront portés directement devant la chambre civile de la Cour de cassation.

ART. 2. Les militaires assimilés de tous grades et toutes armes des armées de terre et de mer ne prennent part à aucun vote quand ils sont présents à leur corps, à leur poste ou dans l'exercice de leurs fonctions. Ceux qui, au moment de l'élection, se trouvent en résidence libre, en non activité ou en possession d'un congé régulier, peuvent voter dans la commune sur les listes de laquelle ils sont régulièrement inscrits. Cette dernière disposition s'applique également aux officiers et assimilés qui sont en disponibilité ou dans le cadre de réserve.

ART. 3. Pendant la durée de la période électorale, les circulaires et professions de foi signées des candidats, les placards et manifestes électoraux signés d'un ou plusieurs électeurs pourront, après le dépôt au parquet du procureur de la République, être affichés et distribués sans autorisation préalable.

La distribution des bulletins de vote n'est point soumise à la formalité du dépôt au parquet.

Il est interdit à tout agent de l'autorité publique ou municipale de distribuer des bulletins de vote, professions de foi et circulaires des candidats.

Les dispositions de l'art. 19 de la loi organique du 2 août 1875, sur les élections des sénateurs, seront appliquées aux élections des députés.

Art. 4. Le scrutin ne durera qu'un seul jour. Le vote a lieu au chef-lieu de la commune ; néanmoins, chaque commune peut être divisée, par arrêté du préfet, en autant de sections que l'exigent les circonstances locales et le nombre des électeurs. Le second tour de scrutin continuera d'avoir lieu le deuxième dimanche qui suit le jour de la proclamation du résultat du premier tour de scrutin, conformément aux dispositions de l'art. 65 de la loi du 15 mars 1849.

Art. 5. Les opérations du vote auront lieu conformément aux dispositions des décrets organique et réglementaire du 2 février 1852.

Le vote est secret.

Les listes d'émargement de chaque section, signées du président et du secrétaire, demeureront déposées pendant huitaine au secrétariat de la mairie, où elles seront communiquées à tout électeur requérant.

Art. 6. Tout électeur est éligible, sans condition de cens, à l'âge de vingt-cinq ans accomplis.

Art. 7. Aucun militaire ou marin faisant partie des armées actives de terre ou de mer ne pourra, quel que soit son grade ou ses fonctions, être élu membre de la Chambre des députés.

Cette disposition s'applique aux militaires et marins en disponibilité ou en non-activité, mais elle ne s'étend ni aux officiers placés dans la seconde section du cadre de l'état-major général, ni à ceux qui, maintenus dans la première section comme ayant commandé en chef devant l'ennemi, ont cessé d'être employés activement, ni aux officiers qui, ayant des droits acquis à la retraite, sont envoyés ou maintenus dans leurs foyers en attendant la liquidation de leur pension. La décision par laquelle l'officier aura été admis à faire valoir ses droits à la retraite deviendra dans ce cas irrévocable.

La disposition contenue dans le premier paragraphe du présent article ne s'applique pas à la réserve de l'armée active ni à l'armée territoriale.

Art. 8. L'exercice des fonctions publiques rétribuées sur les fonds de l'État est incompatible avec le mandat de député.

En conséquence, tout fonctionnaire élu député sera remplacé dans ses fonctions si, dans les huit jours qui suivront la vérification des pouvoirs, il n'a pas fait connaître qu'il n'accepte pas le mandat de député.

Sont exceptées des dispositions qui précèdent, les fonctions de ministre, sous-secrétaire d'État, ambassadeur, ministre plénipotentiaire, préfet de la Seine, préfet de police, premier président de la Cour de cassation, premier président de la Cour des comptes, premier président de la Cour d'Appel de Paris, procureur général près la Cour de cassation, procureur général près la Cour des comptes, procureur général près la Cour d'appel de Paris, archevêque et évêque, pasteur président du consistoire dans les circonscriptions consistoriales dont le chef-lieu compte deux pasteurs et au-dessus, grand rabbin du consistoire central, grand rabbin du consistoire de Paris.

ART. 9. Sont également exceptés des dispositions de l'art. 8 :

1° Les professeurs titulaires des chaires qui sont données au concours ou sur la présentation des corps où la vacance s'est produite;

2° Les personnes qui ont été chargées d'une mission temporaire. Toute mission qui a duré plus de six mois cesse d'être temporaire et est régie par l'art. 8 ci-dessus.

ART. 10. Le fonctionnaire conserve les droits qu'il a acquis à une pension de retraite et peut, après l'expiration de son mandat, être remis en activité.

Le fonctionnaire civil qui, ayant eu vingt ans de service à la date de l'acceptation de son mandat de député, justifiera de cinquante ans d'âge à l'époque de la cessation de ce mandat, pourra faire valoir ses droits à une pension de retraite exceptionnelle.

Cette pension sera réglée conformément au troisième paragraphe de l'art. 12 de la loi du 9 juin 1853.

Si le fonctionnaire est remis en activité après la cessation de son mandat, les dispositions énoncées dans les articles 3, paragraphe 2, et 28 de la loi du 9 juin 1853 lui seront applicables.

Dans les fonctions où le grade est distinct de l'emploi, le fonctionnaire, par l'acceptation de mandat de député, renonce à l'emploi et ne conserve que le grade.

ART. 11. Tout député nommé ou promu à une fonction publique salariée, cesse d'appartenir à la Chambre par le fait même de son acceptation; mais il peut être réélu si la fonction qu'il occupe est compatible avec le mandat de député.

Les députés nommés ministres ou sous-secrétaires d'État ne sont pas soumis à la réélection.

ART. 12. Ne peuvent être élus par l'arrondissement ou la colonie, compris en tout ou en partie dans leur ressort, pendant l'exercice de leurs fonctions, et pendant les six mois qui suivent la cessation de leurs fonctions par démission, destitution, changement de résidence ou de toute autre manière :

1° Les premiers présidents, présidents et les membres des parquets des cours d'appel ;

2° Les présidents, vice-présidents, juges titulaires, juges d'instruction et membres des parquets des tribunaux de première instance ;

3° Le préfet de police, les préfets et les secrétaires généraux de préfecture ; les gouverneur, directeur de l'intérieur et secrétaires généraux des colonies ;

Les sous-préfets ne peuvent être élus dans aucun des arrondissements du département dans lequel ils exercent leurs fonctions ;

4° Les ingénieurs en chef et d'arrondissement ; les agents-voyers en chef et d'arrondissement ;

5° Les recteurs et inspecteurs d'académie ;

6° Les inspecteurs des écoles primaires ;

7° Les archevêques, évêques et vicaires généraux ;

8° Les trésoriers-payeurs généraux et les receveurs particuliers des finances ;

9° Les directeurs des contributions directes et indirectes, de l'enregistrement et des domaines et des postes ;

10° Les conservateurs et inspecteurs des forêts.

Art. 13. Tout mandat impératif est nul et de nul effet.

Art. 14. Les membres de la Chambre des députés sont élus au scrutin individuel. Chaque arrondissement administratif nommera un député. Les arrondissements dont la population dépasse 100,000 habitants nommeront un député de plus par 100,000 ou fraction de 100,000 habitants. Les arrondissements, dans ce cas, seront divisés en circonscriptions dont le tableau sera établi par une loi et ne pourra être modifié que par une loi spéciale.

Art. 15. Les députés seront élus pour quatre ans.

La Chambre se renouvelle intégralement.

Art. 16. En cas de vacance par décès, démission ou autrement, l'élection devra être faite dans le délai de trois mois, à partir du jour où la vacance se sera produite.

En cas d'option, il est pourvu à la vacance dans le délai d'un mois.

Art. 17. Les députés reçoivent une indemnité.

Cette indemnité est réglée par les articles 96 et 97 de la loi du 15 mars 1849 et par les dispositions de la loi du 16 février 1872.

Art. 18. Nul n'est élu au premier tour de scrutin s'il n'a réuni :

1° La majorité absolue des suffrages exprimés ;

2° Un nombre de suffrages égal au quart des électeurs inscrits.

Au deuxième tour, la majorité relative suffit. En cas d'égalité de suffrage, le plus âgé est élu.

Art. 19. Chaque département de l'Algérie nomme un député. (*Modifié par la loi du 28 juillet 1881.*)

Art. 20. Les électeurs résidant en Algérie dans une localité non érigée en commune seront inscrits sur la liste électorale de la commune la plus proche.

Lorsqu'il y aura lieu d'établir des sections électorales, soit pour grouper des communes mixtes dans chacune desquelles le nombre des électeurs serait insuffisant, soit pour réunir les électeurs résidant dans les localités non érigées en communes, les arrêtés pour fixer le siège de ces sections seront pris par le gouverneur général, sur le rapport du préfet ou du général commandant la division.

Art. 21. Les quatre colonies auxquelles il a été accordé des sénateurs par la loi du 24 février 1875, relative à l'organisation du Sénat, nommeront chacune un député. (*Modifié par la loi du 28 juillet 1881.*)

Art. 22. Toute infraction aux dispositions prohibitives de l'article 3 paragraphe 3, de la présente loi, sera punie d'une amende de 16 à 300 fr. Néanmoins, le tribunal correctionnel pourra faire application de l'art. 463 du Code pénal.

Le décret du 29 janv. 1871 et les lois du 10 avril 1871, du 2 mai 1871 et du 18 février 1873 sont abrogés.

Demeure également abrogé le paragraphe 11 de l'art. 15 du décre organique du 2 février 1852 en tant qu'il se réfère à la loi du 21 mai 1836 sur les loteries, sauf aux tribunaux à faire aux condamnés l'application de l'art. 42 du Code pénal.

Continueront d'être appliquées les dispositions des lois et décrets en vigueur auxquelles la présente loi ne déroge pas.

Art. 23. La disposition de l'art. 12, par laquelle un délai de six mois doit s'écouler entre le jour de la cessation des fonctions et celui de l'élection, ne s'appliquera pas aux fonctionnaires, autres que les Préfets et les Sous-Préfets, dont les fonctions auront cessé, soit avant la promulgation de la présente loi, soit dans les vingt jours qui la suivront.

LOI DU 29 JUILLET 1879 RELATIVE AU SIÈGE DU POUVOIR EXÉCUTIF ET DES CHAMBRES A PARIS

Article premier. Le siège du pouvoir exécutif et des deux Chambres est à Paris.

Art. 2. Le palais du Luxembourg et le Palais-Bourbon sont affectés : le premier, au service du Sénat : le second, à celui de la Chambre des députés. — Néanmoins, chacune des deux Chambres demeure maîtresse de désigner, dans la ville de Paris, le palais qu'elle veut occuper.

Art. 3. Les divers locaux du palais de Versailles, actuellement occupés par le Sénat et la Chambre des députés, conservent leur affectation. — Dans le cas où, conformément aux art. 7 et 8 de la loi du 25 février 1875, relative à l'organisation des pouvoirs publics, il y aura lieu à la réunion de l'Assemblée nationale, elle siègera à Versailles, dans la salle actuelle de la Chambre des députés. — Dans le cas où, conformément à l'art. 9 de la loi du 24 février 1875 sur l'organisation du Sénat, et à l'art. 12 de la loi constitutionnelle du 16 juillet 1875 sur les rapports des pouvoirs publics, le Sénat sera appelé à se constituer en Cour de justice, il désignera la ville et le local où il entend tenir ses séances.

Art. 4. Le Sénat et la Chambre des députés siègeront à Paris à partir du 3 novembre prochain.

Art. 5. Les présidents du Sénat et de la Chambre des députés sont chargés de veiller à la sûreté intérieure et extérieure de l'Assemblée qu'ils président. — A cet effet, ils ont le droit de requérir la force armée et toutes les autorités dont ils jugent le concours nécessaire. — Les réquisitions peuvent être adressées directement à tous officiers, commandants ou fonctionnaires, qui sont tenus d'y obtempérer immédiatement, sous les peines portées par les lois. — Les présidents du

Sénat et de la Chambre des députés peuvent déléguer leur droit de réquisition aux questeurs ou à l'un d'eux.

Art. 6. Toute pétition à l'une ou l'autre des Chambres ne peut être faite et présentée que par écrit. Il est interdit d'en apporter en personne ou à la barre.

Art. 7. Toute infraction à l'article précédent, toute provocation par des discours proférés publiquement ou par des écrits ou imprimés, affichés ou distribués, à un rassemblement sur la voie publique, ayant pour objet la discussion, la rédaction ou l'apport aux Chambres, ou à l'une d'elles, de pétitions, déclarations ou adresses, — que la provocation ait été ou non suivie d'effet, — sera punie de peines édictées par le paragraphe 1er de l'art. 5 de la loi du 7 juin 1848.

Art. 8. Il n'est en rien dérogé, par les précédentes dispositions, à la loi du 7 juin 1848 sur les attroupements.

Art. 9. L'art. 463 du Code pénal est applicable aux délits prévus par la présente loi.

TABLE SOMMAIRE

TABLE ALPHABÉTIQUE ET ANALYTIQUE

DES MATIÈRES

A

B

C

D

E

F

G

H

I

J

L

M

N

O

P

Q

R

S

T

Paris — Imprimerie Tolmer et Cie, 3, rue Madame

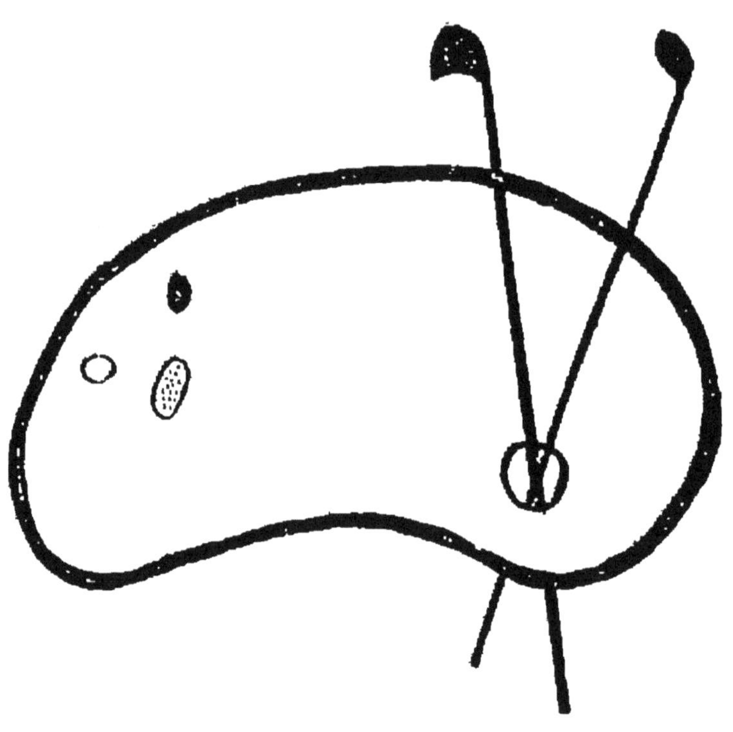

RED. :

19

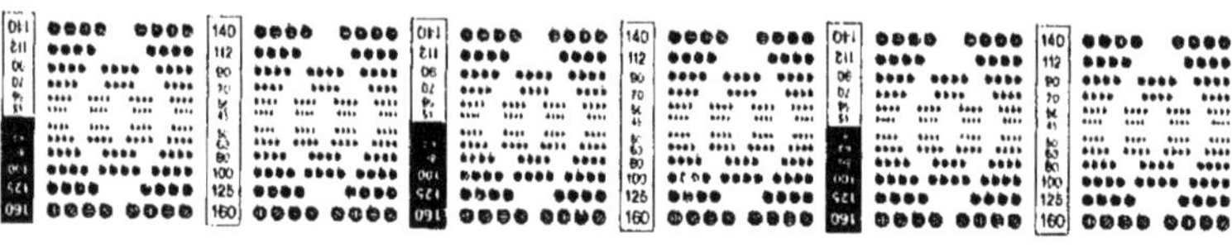

www.ingramcontent.com/pod-product-compliance
Ingram Content Group UK Ltd.
Pitfield, Milton Keynes, MK11 3LW, UK
UKHW021057230726
13926UKWH00004B/1904